6 CAMINHOS PARA O SEU *Dinheiro* RENDER MUITO MAIS

Copyright do texto ©2018 Felipe Miranda
Copyright da edição ©2018 Escrituras Editora

Todos os direitos desta edição reservados à
Escrituras Editora e Distribuidora de Livros Ltda.

Diretor editorial Raimundo Gadelha
Coordenação editorial Mariana Cardoso
Assistente editorial Karen Suguira
Projeto gráfico Studio Horus
Diagramação Guilherme V. S. Ribeiro
Capa Thiago Lacaz

Dados Internacionais de Catalogação na Publicação (CIP)
Angélica Ilacqua CRB-8/7057

M64s

Miranda, Felipe

6 caminhos para o seu dinheiro render muito mais / Felipe Miranda.
-- São Paulo : Escrituras, 2018.

144 p. : il.

ISBN: 978-85-503-0346-8

1.Investimentos 2. Finanças 3. Economia 4. Ações (finanças) I. Título

18-0474   CDD 332.6322

Universo dos Livros Editora Ltda.
Rua do Bosque, 1589 – Bloco 2 – Conj. 603/606
CEP 01136-001 – Barra Funda – São Paulo/SP
Telefone/Fax: (11) 3392-3336
www.universodoslivros.com.br
e-mail: editor@universodoslivros.com.br
Siga-nos no Twitter: @univdoslivros

FELIPE MIRANDA
Estrategista-chefe da Empiricus

6 CAMINHOS PARA O SEU *Dinheiro* RENDER MUITO MAIS

escrituras
São Paulo, 2018

Quero agradecer a Olivia Alonso, Helena De Guide, Matheus Duarte e Juliana Almeida por terem me apoiado no conteúdo desta publicação, assim como aos leitores da Empiricus, que são minha motivação para continuar escrevendo meus artigos periodicamente.

SUMÁRIO

Prefácio 9
   Você está com o mapa errado 12

Caminho 1

Uma nova forma de ver o mundo 17
   A discussão sobre valor intrínseco 18
   Fluxo de Caixa Descontado (FCD) 19
   Antifragilidade: o contraponto 24
   O que é "antifrágil", na vida real? 32

Caminho 2

Como agir sabendo que você não sabe 37
   X não é F(x) 38
   Dependência do caminho 39
   Riscos em camadas 40
   Iludido pelo acaso 41
   Cisne negro 42
   Desconstruindo Markowitz 43
   Diversificar também pode ser perigoso 49
   Como viver em um mundo que não entendemos? 52

Caminho 3

Um pouco de redundância é saudável 61

Caminho 4

Compre ações e compre seguros 71
   O *delta hedging* 73
   A forma menos técnica e mais heurística 77
   Alguns seguros para se ter em qualquer momento 78

Caminho 5

Como montar uma carteira vencedora 83
   Barbell strategy: uma estratégia bipolar 85
   Por onde começar? 88
   O segundo passo 91
   A maneira mais prática (e sem imposto)
   de se investir em imóveis 94
   Por fim, as ações 95

Caminho 6

Sugestões para um portfólio de menor risco 105
   O investimento como forma de proteger o consumo ... 105
   Você não gosta de risco, mas gosta de retorno 108
   Mais retorno com menos risco 111

Conclusão

A arte de gerir ativos 123
Meus dez livros favoritos sobre Finanças 129

Referências bibliográficas 133
Glossário 135

PREFÁCIO

A Empiricus nasceu em 2009, com o firme propósito de atender ao chamado mais íntimo da nossa alma, o de cuidar dos investimentos do cidadão comum, da dona de casa, do professor, do engenheiro, do médico, do advogado. Somos uma consultoria de investimentos totalmente independente e almejamos democratizar a informação financeira.

Um grande desafio na nossa trajetória foi enfrentar a área dos bancos conhecida como *sell-side*, que vende relatórios sobre as empresas de capital aberto, com o apoio da área de *research*, que pesquisa o contexto de mercado. Em nossa opinião, esses analistas perderam a obsessão por ganhar dinheiro e agora estão mais preocupados em criar o melhor modelo de investimento. Mas, ao fixar todos os esforços na planilha Excel, o analista acaba esquecendo que o grande *insight* está em sua capacidade subjetiva de aventar uma possibilidade que não está nos preços. Então se ele fizer modelos apenas a partir das informações disponíveis, não terá qualquer "iluminação" ou compreensão súbita do contexto para alocar os ativos de maneira vencedora.

Soma-se a isso o conflito de interesses. Parte dos bancos está efetivamente procurando a melhor recomendação para seus clientes e parte está preocupada com o patrimônio do próprio banco. Afinal, a instituição precisa ganhar dinheiro com fusões e aquisições, abertura de capital em bolsa etc.

Também discordávamos de relatórios cheios de jargões financeiros, escritos apenas para iniciados no assunto. Queríamos um *research* voltado para todas as pessoas.

Como já dizia o psicólogo britânico James Hillman, "Você não pode trair a sua alma, pois ela se vingará de você". Por isso, nossos analistas continuam falando o que pensam, sem censura, de forma didática e simples. Vamos errar, vamos acertar – vamos contar com a sorte para acertar mais do que errar, é claro –, mas mantendo sempre nosso único objetivo, o de fazer seu dinheiro render mais. E é justamente o que proponho nesse livro: uma leitura acessível a qualquer investidor, com pontos de vista, análises e recomendações isentas de interesses institucionais.

> Eu errei mais de 9.000 arremessos na minha carreira. Perdi quase 300 jogos. Em 26 vezes, confiaram em mim para fazer a cesta da vitória, e eu errei. Eu falhei uma vez, de novo, e outra vez na minha vida. E é por isso que eu obtive sucesso.
>
> **Michael Jordan**

VOCÊ ESTÁ COM O MAPA ERRADO

Vou contar aqui um "causo" do interiorzão de Minas que vai me ajudar a fazer um paralelo com o mundo financeiro e a convencê-lo a ler esse livro.

Eu estava uma vez no centro de Senhora do Porto (a cidade da minha mãe, que tem menos de 4 mil habitantes) quando uma pessoa me abordou, dizendo que tinha acabado de chegar na cidade e queria muito saber onde ficava o bar do Dacinho. Bem,

Dacinho é meu tio e ele tem um bar no centro da cidade. Eu respondi: "Coincidentemente você está em frente ao bar do Dacinho, é só você entrar aqui e tomar sua cerveja tranquilamente". Mais estranho ainda foi que, no dia seguinte, eu estava no mesmo lugar e chegou outra pessoa procurando pelo bar do Dacinho. Mas esse veio com um mapa e me disse que estava há três dias rodando e ainda não tinha achado o bar do Dacinho. "Me mandaram lá para o inferno atrás desse mapa aqui e nem com ele eu consigo chegar".

Então, parte desse livro é para explicar que precisamos ter uma nova forma de analisar as informações e de ver o mundo. Porque as pessoas que estão munidas de um mapa errado demoram mais para chegar aonde querem.

Muitas vezes o investidor leigo pode estar em vantagem sobre o economista e o analista porque o profissional está munido de um mapa errado. Ele está apegado àquele modelo de investimento, àquela planilha Excel e pode não ser capaz de enxergar as melhores oportunidades.

Por isso que eu sempre digo que investir em ações não é coisa de *expert*, porque os *experts* estão exatamente pensando com uma cabeça errada e isso vai levar você a um lugar errado.

Ao ler os próximos capítulos você entenderá minha interpretação sobre as teorias dos economistas em voga e sobre o comportamento dos maiores investidores da atualidade. Também conhecerá minhas recomendações e diretrizes gerais para montar uma carteira de investimentos vencedora a partir dessas premissas, que independem do momento específico e dos direcionamentos imediatos da política e da economia brasileiras.

CAMINHO 1

UMA NOVA FORMA DE VER O MUNDO

Para defender o argumento de que os *experts* estão com o mapa errado, precisamos analisar qual o instrumental usado por eles. Os especialistas recorrem a uma ferramenta clássica de análise de empresas denominada *value investing*, um conceito que surgiu em 1934, com a publicação de *Security Analysis*, de Benjamin Graham e David Dodd.

O megainvestidor Warren Buffett, um dos homens mais ricos do mundo, construiu sua fortuna a partir dessa metodologia. Foi por isso que o *value investing* se tornou tão famoso. Vou apenas abrir um parêntese para que vocês entendam que eu não tenho a intenção de falar mal do Buffett. Eu só quero mostrar para vocês que Buffett prático é mais inteligente do que os livros revelam sobre ele.

Se fosse para resumir de uma forma muito simplificada, o *value investing* clássico é formado por preço e valor. Preço é um conceito muito simples de observar, é aquele que fica piscando na tela, é o quanto você paga caso queira adquirir uma ação ou um título de renda fixa (Buffet também investe em renda fixa, embora seja muito mais famoso por suas posições em ações).

De outro lado, há o valor, aquilo que você leva para casa quando adquire alguma coisa. O valor é o que estaria, na linguagem do *value investing*, intrínseco àquela empresa. E isso não é palpável. O valor precisa ser estimado, calculado. Então você vê o preço, estima esse valor e se apropria de diferenças entre preço e valor. Tudo está na jogada de observar o valor instrínseco.

Quanto vale então uma empresa? Vale, na visão do *value investing*, a soma de todos os fluxos de caixa que ela gerar de hoje até o infinito, trazidos a valor presente, a uma taxa de juros apropriada. Resumindo, tudo o que ela for gerar, a valor de hoje. O que vale pagar por uma empresa é tudo o que ela (teoricamente) for te devolver.

O problema desse tipo de análise é que os fluxos de caixa estão no futuro – e o futuro é opaco. Ninguém sabe qual vai ser o fluxo de caixa daquela empresa. Porque em sistemas complexos, em que há assimetria de informação, o que vai acabar determinando a evolução dos preços dos ativos são fatores que a gente nem sequer consegue conceber. Ninguém apostava na vitória do Donald Trump para a Presidência dos Estados Unidos, na saída do Reino Unido da União Europeia (Brexit), nem no *impeachment* de Dilma Roussef.

A DISCUSSÃO SOBRE VALOR INTRÍNSECO

A ideia de Benjamin Graham, o primeiro economista a teorizar sobre o assunto, é bastante simples: o valor intrínseco de uma empresa - e, por conseguinte, da sua ação - está associado ao passado e ao presente, aos ativos que ela tem ou aos lucros que ela já apresentou.

> Vamos supor que uma empresa valha 600 milhões de reais na bolsa e tenha 1 bilhão de reais em caixa. Então o preço dela está muito abaixo do valor intrínseco e você tem uma oportunidade identificada. Você pode avaliar também o patrimônio dela, e verificar, caso ela seja liquidada, se os ativos valerão mais do

> que seu preço em bolsa. Então é isso que o Benjamin Graham faz: pega métricas atuais e passadas para tentar determinar o valor intrínseco e, a partir dessa análise, ter referências sobre a atratividade da empresa.

Depois de Graham, Philip Fisher veio dizer o seguinte: de fato o valor pode estar no passado, mas também nada garante que ele não esteja no futuro. Como exemplo, teríamos uma empresa que era pequena e cresceu de repente, com um grande contrato ou aproveitando uma tendência de mercado. Na concepção do Fisher, o que precisamos fazer, na verdade, é procurar empresas com vantagens competitivas, que vão permitir que ela faça essa virada, elevando também o valor de suas ações.

Quem resumiu com maestria o argumento de Philip Fisher foi John Burr Williams, ao propor em sua tese de doutorado um conceito denominado "fluxo de caixa descontado" (FCD). Ele calcula quanto uma padaria, por exemplo, pode oferecer de fluxo de hoje até o infinito e aplica uma taxa de desconto para o valor daqueles fluxos para encontrar o valor do dinheiro de hoje.

FLUXO DE CAIXA DESCONTADO (FCD)

EBIT (1 – Taxa de Juros) + Depreciação e Amortização – Valor Líquido Capital de Trabalho – Investimentos

$$FCD = \frac{FC_1}{(1+r)^1} + \frac{FC_2}{(1+r)^2} + \cdots + \frac{FC_n}{(1+r)^n}$$

$$WACC = \frac{D}{D+E}K_d + \frac{E}{D+E}K_e$$

Fonte: WILLIAMS, John Burr. *The Theory of Investment Value*. Miami: BN Publishing, 2014.

Para encontrar o fluxo de caixa de uma empresa você precisa ver o EBIT (*Earnings Before Interest and Taxes* - Ganhos Antes dos Juros e Impostos), que é o lucro operacional da empresa. Você parte da receita bruta, subtrai os impostos diretos, a receita líquida, as despesas com vendas gerais e administrativas e chega ao lucro operacional = EBIT. Depois você desconta os impostos e o CAPEX (*Capital Expenditure* – investimentos previstos para o ano), soma depreciação e amortização e então você encontrará o fluxo de caixa daquela companhia. Estima o fluxo de caixa no período 1, no período 2, até o infinito, e traz tudo ao valor presente, porque o dinheiro tem valor diferente no tempo.

Essa taxa é a WACC (*Weighted Average Cost of Capital* – Custo Médio Ponderado de Capital), o custo ponderado do capital, o custo de remuneração do acionista e do credor. É o juro apropriado para você trazer a valor presente, justamente porque ele representa uma média ponderada do capital daquela empresa entre terceiros e do capital próprio.

Agora que você já aprendeu (ou relembrou) como calcular o valor intrínseco, tenho uma má notícia: isso não nos traz informação de qualidade. Quando Graham sugeriu calcular o desconto da ação em relação ao caixa, basicamente foi porque as pessoas não estavam percebendo aquele desconto. Mas como todo mundo hoje tem acesso à informação, você nunca sabe quando se trata de fato de uma oportunidade ou quando é uma armadilha - o que os analistas chamam de *value trap*.

Vamos pegar como exemplo uma empresa como a Brookfield. Supondo que ela valha hoje 600 milhões de reais em bolsa e tenha 900 milhões de reais em caixa, então você pode pensar que é uma ótima oportunidade. Mas por que isso não é real? Porque as empresas do setor de construção "queimam" caixa todo trimestre, então aquele caixa que você está olhando hoje,

> vai ser menor daqui a um trimestre e talvez daqui a um ano pode ser que a empresa tenha que emitir mais ações. Ou seja, aquele market cap de 600 milhões de reais vai ser de 900 milhões de reais e a empresa vai estar bem descontada em relação ao caixa.
>
> Vamos imaginar então todas as incorporadoras (PDG, Gafisa, Cyrela etc.) valendo 0,6 do patrimônio. Mas é claro que nenhuma delas remunera aquele patrimônio, porque é comum elas registrarem prejuízo em vários trimestres.

As métricas do Graham obviamente ajudam na análise, mas a grande arte não está em identificar o desconto, mas em dizer se esse desconto tem ou não razão de ser. É identificar se é *value investing* ou *value trap* (uma armardilha).

Nesse caso o Fisher também não nos ajuda muito. A gente já sabe que o crescimento pode trazer geração de valor. Mas é difícil prever o crescimento, porque ele depende de uma série de variáveis que estão lá na frente. O grande crescimento não colocado no preço vem justamente de um contrato que ninguém imaginava, de uma descoberta de um poço de petróleo que ninguém sabia. E o FCD é a grande cama de Procusto. Para quem não conhece esse conto da mitologia grega, trata-se de um bandido que convidava viajantes para se deitarem em sua pequena cama de ferro. Se os hóspedes fossem muito altos, ele amputava suas pernas ou, se fossem muito baixos, os esticavam até atingirem o comprimento da cama. O certo é que nenhuma vítima se ajustava exatamente ao tamanho da cama. Quanto a gente está num FCD, a gente está fazendo exatamente isso, a gente está cortando as pernas da realidade e fazendo com que a realidade caiba numa planilha de Excel.

Para seguir as ideias do Fisher, precisaríamos saber o fluxo de caixa no período 1. Mas a gente não sabe nem a receita e o volume desse ano, imagina daqui a cinco anos. E mais: a gente também não sabe qual é a tributação nem a margem dessa empresa. Como é que você vai estimar fluxo de caixa se você não sabe CAPEX nem variação do capital de giro? Na verdade, você não sabe absolutamente nada, você está chutando tudo. Além disso, está à mercê de qualquer variação – e dependendo de onde for essa variação, a mudança será brutal. Por exemplo, se a margem passar de 20% para 22%, isso não afetará muito seus cálculos, mas se a sua despesa com venda, que você estava estimando em 10 milhões de reais, pular para 12 milhões de reais, suas previsões foram por água abaixo. Aquele fluxo que estaria sobrando de acordo com os cálculos iniciais, será 20% menor e os 20% de *upside* que você estava estimando, que representavam a indicação de compra para a ação, hoje seria uma recomendação de venda, porque você errou em 2 milhões de reais em uma linha qualquer (no meu exemplo, na despesa com vendas). Então, o fluxo de caixa descontado é muito sensível a qualquer pequena alteração nas estimativas.

E Buffett, o que ele faz? Buffett já se definiu como um *mix* de tudo isso: 85% Graham e 15% Fisher. Não adianta você tentar prever o futuro, porque ele continuará incognoscível para todos nós. O futuro é composto por esses fluxos de caixa que são estimados por você, usando a sua visão sobre o futuro, do quão otimista você está em relação ao que está por vir, ou do tipo de informações às quais você tem acesso. Eu acesso uma informação, então eu vejo um fluxo de caixa. Você, que trabalha em outro setor, tem acesso a outra gama de informações, então o valor desses fluxos de caixa estimados será outro.

Ou seja, o FCD depende do que você acha e não do que é intrínseco à empresa. Então, se não encontramos o valor intrínseco, um importante pilar do *value investing* vem abaixo. O magnata George Soros percebeu isso. A teoria da reflexividade do Soros é exatamente essa: a expectativa muda a realidade, a nova realidade muda a expectativa. Diferentemente desse arcabouço de assimetria de informação do *value investing* clássico, em que você é capaz de entender o mundo melhor do que a média do mercado e se apropriar dessa distorção do seu entendimento "mais apurado".

Além de todas essas questões que já coloquei anteriormente, temos um problema maior ainda, de ordem filosófica. Uma ação é mesmo uma empresa? Se você não pode trocar aquela sua ação por um ativo na empresa nem pode mudar o *management*, então tudo a que você tem direto são os dividendos. Chegamos à conclusão de que aquela ação não é de fato uma empresa, mas uma função dela.

E um jeito fácil de você ver isso, através da noção de *conflation*, é achar, por exemplo, que o preço do petróleo é uma resposta da geopolítica. De fato, ele costuma subir em momentos de guerra, mas, na guerra do Golfo, quando o planeta estava apreensivo com o cenário que se desenhava, todo mundo saiu comprando petróleo com esse pensamento "vai ter guerra, então o petróleo vai subir". Só que eles se confundiram com o fato de que o petróleo não é a guerra, ele é uma função da guerra. Aconteceu que todo mundo comprou, levando o preço do petróleo às alturas. Veio a guerra e o impacto de fato sobre a oferta foi menor do que se estimava, então o preço do petróleo desabou na sequência.

Do ponto de vista filosófico também é interessante questionar o que é valor. Não é quanto custa, porque quanto custa é o preço. O preço de um copo de água pode variar dependendo de onde você for comprá-lo. Mas qual o valor de um copo de água? Isso vai depender do tamanho da sua sede, do quanto você gosta de água, do quanto ela é útil naquele momento ou do quanto gera de felicidade.

Essa é a teoria clássica de valor: o valor de um bem é quanto ele gera de felicidade e essa avaliação tem a ver com percepções individuais. Da mesma forma, o valor de uma ação tem a ver tanto com a empresa quanto com a pessoa, então não existe um valor intrínseco, o que derruba outra premissa do *value investing*.

Portanto, essa é minha explicação do porquê de muitos especialistas estarem munidos de um mapa errado. E se esse mapa não vai nos levar ao lugar que queremos, vou propor aqui um outro método, trazendo a concepção de Nassim Taleb para o universo estrito de análise de ações e opções.

ANTIFRAGILIDADE: O CONTRAPONTO

A essa altura vocês já devem ter entendido que o método tradicional de análise depende da projeção de um futuro que, por definição, é incerto, imprevisível. Então precisamos de algo novo, que nos permita decidir em um ambiente de certeza ou incerteza, considerando um futuro opaco. E o que vamos fazer, portanto, é tentar domesticar essa incerteza e nos beneficiar dela.

Vou fazer uma analogia com a Hidra de Lerna para ajudar a clarear esse novo caminho. A Hidra é um monstro da mitologia grega capaz de matar os homens apenas com seu hálito. Se alguém corta sua cabeça, achando que ela vai morrer, é surpreendido pelo nascimento de duas cabeças. Se corta duas, nascem quatro. Então, a cada investida, ela volta mais forte. Não queremos nos proteger da volatilidade da incerteza, queremos ser a Hidra de Lerna e usar a incerteza e o choque a nosso favor.

Enquanto a análise clássica buffettiana está propondo descobrir a verdade – quanto vale determinada ação e a convergência entre seu preço atual e seu preço justo – nós vamos nos beneficiar ao assumirmos que não conhecemos o futuro e vamos estudar as evidências.

Agora vou lançar um desafio: você acredita em Deus? Algumas pessoas vão responder que sim, outras que não. Mas isso é irrelevante. O que importa nessa discussão é o seguinte: o fato de você não conseguir vê-lo não quer dizer que Ele não exista. Não podemos confundir ausência de evidência com evidência de ausência. São duas coisas diferentes. E a respeito disso há uma tese, um argumento de Pascal, que é a decisão de acreditar ou não em Deus.

Na concepção de Pascal, racionalmente a ideia correta seria você acreditar em Deus – não porque Deus exista, mas pelo *payoff* (retorno potencial) que isso lhe dá. Se você não acreditar e Ele existir, Ele vai se vingar de você; mas se você acreditar e Ele existir, você se deu bem. Se você acreditar e Ele não existir, nada muda. Então a ideia é assim: se você estiver errado na sua escolha, você não perde nada, se estiver certo, está no lucro.

Vou contar outro caso parecido. Tales de Mileto era um filósofo pré-socrático e matemático, da região da Ásia Menor. Como tal, era frequentemente atacado pelo estereótipo da época: "Aqueles que podem, fazem; os demais filosofam". Incomodado com o rótulo desagradável, Tales resolveu demonstrar sua capacidade mercantil. Num momento desfavorável às azeitonas, o filósofo alugou antecipadamente todas as prensas de olivas disponíveis em Mileto e região. Como o interesse no produto estava baixo àquela altura, as prensas puderam ser alugadas a um preço baixo.

A colheita posterior foi abundante e houve uma demanda surpreendente por prensas de olivas. Tales de Mileto sublocou as prensas a preços muito mais altos. Tendo provado que os que podem filosofam, voltou à sua atividade original.

O conto tem uma porção de lições, mas a principal delas está associada à ideia de assimetria e à construção de um *payoff* antifrágil. Tales alugou as prensas a um preço barato e limitou suas perdas. Em contrapartida, posicionou-se para um grande ganho, no caso da eventual materialização do cenário favorável.

Nem mesmo Aristóteles entendeu o ponto de Tales. Interpretou que, diante de seus conhecimentos em astronomia, Tales teria concluído ainda durante o inverno que haveria uma grande colheita de olivas à frente. Mas não foi nada disso. Não há nenhum conhecimento superior em astronomia neste caso. Ao contrário, Tales de Mileto se beneficiou da ausência de conhecimento e informação, que permitiu a construção de uma matriz de *payoff* convidativa. O que ele fez foi avaliar os preços das prensas e verificar que se perdesse, seria muito pouco, mas que se a colheita do ano seguinte fosse boa, ele ganharia muito dinheiro. Ele não precisou entender a mensagem das estrelas. Só teve de comprar barato e ter a chance de vender caro.

Tales de Mileto tinha o direito, mas não a obrigação, de usar e/ou sublocar as prensas no caso de uma demanda vigorosa, tendo pago uma pequena cifra por esse privilégio, portanto, com uma perda limitada e um *upside* gigantesco. Este foi claramente um precursor dos contratos de opções, a maior representação da antifragilidade.

6 CAMINHOS PARA O SEU DINHEIRO RENDER MUITO MAIS

Voltemos agora às nossas análises. Como falei anteriormente, se não vamos tentar entender o futuro, precisamos substituir esse modelo por outro. Porque não saber o futuro é completamente diferente de não fazer nada a respeito. É a mesma diferença entre viver e entender a vida. A saída para o dilema é o que Taleb chama de convexidade e antifragilidade. Os dois conceitos partem de uma premissa epistemológica muito melhor do que a anterior, a de que você sabe mais do que o outro. Porque é uma arrogância dizer que você consegue ser melhor do que outros 100 analistas inteligentes que estão estudando o mercado. Partiremos do pressuposto que a gente sabe tanto quanto os outros, ou seja, nada.

Convexidade é uma curva exponencial, uma curva côncava, logarítmica. Isso quer dizer que, conforme você vai caminhando num cenário positivo, o seu portfólio (não importa o que aconteça) mostra que seus ganhos estão respondendo mais do que proporcionalmente. Em contrapartida, quando você vai caminhando no cenário negativo, o seu prejuízo não responde de maneira proporcional. Você continua perdendo, mas vai perdendo cada vez menos e pode chegar a uma situação tal de começar a ganhar. Então como você monta um portfólio convexo, em que se ganha muito no caminho positivo e se perde pouco no caminho negativo?

Vamos imaginar que você comprou uma carteira de ações porque está otimista em relação à Bolsa de Valores. Se as coisas forem bem, você vai bem; mas se as coisas forem mal, você vai mal também. Agora pense que você está comprado em Bolsa, mas você tem 2% da sua carteira comprada em *puts* de Ibovespa. Para quem não está familiarizado com a terminologia, isso significa que você está comprado no direito de vender Ibovespa num determinado preço – a 60 mil pontos, por exemplo. Se você for caminhando no seu cenário positivo, a sua carteira de ações vai se valorizando e aquele seu direito de vender a 60 mil pontos, a cada vez que o Ibovespa se afasta dos 60 mil pontos, vai valendo cada vez menos. Você vai perdendo um pouco na *put*, vai zerando, mas seu portfólio de ações subiu 20%. Você caiu 2%, mas se protegeu bastante. Porque se tivesse acontecido o oposto, se o índice caísse a 50 mil pontos, você ia perder consideravelmente com suas posições em ações, mas sua posição em *puts* passaria a valer muito e iria compensando as perdas na sua carteira de ações.

Esse é o segredo: mesmo estando otimista com a Bolsa, é importante ter uma parcela do investimento em *puts*. Pois isso vai permitir ganhar dinheiro mesmo que você esteja errado e a Bolsa caia a 40 mil pontos, porque sua *put* teria multiplicado vinte vezes. Então o foco mudou completamente. E isso não é hipotético. Sugeri *put* de Petrobras na véspera da eleição do Donald Trump para a Presidência dos Estados Unidos. Havia um grupo feliz pelo fato de eu estar apostando no Trump e o outro dizendo que apostar nele como novo presidente era burrice, que a Hillary Clinton sem dúvida ganharia o pleito. Mas os grupos não entenderam de fato minha posição. Eu achava que a Hillary ia ganhar, mas estava apostando no Trump porque a matriz de *payoff* era tal que sugeria uma aposta nele, independentemente de quem fosse ganhar. Você perderia um pouquinho ou poderia ganhar um monte. Compramos a 0,2 e vendemos a 1,60.

Estou citando isso apenas para ilustrar, acreditando numa espécie de conhecimento indutivo, que esse exemplo em particular servirá ao caso geral. O primeiro recado a partir desse exemplo é a necessidade de comprar seguros. Sempre.

Deixe-me falar um pouco mais sobre quanto essa coisa de comprar seguros pode ajudá-lo. Basicamente, vamos abrir mão de um pouco de ganhos, sacrificando uma pequena parte de nosso potencial, em prol de muito mais segurança. Se, em vez de ganhar 40%, você ganhar 35% e limitar suas perdas a 20%, não seria formidável?

Há um único gênio consensual no mercado de capitais brasileiro: Luis Stuhlberger, gestor do fundo Verde. Ouvi de um amigo que o próprio Stuhlberger diz haver um outro gênio, que é o Pedro Cerize. Não conheço Stuhlberger pessoalmente, por isso não posso dizer se ele acha isso mesmo. Mas conheço Pedro e, sim, eu acho que ele é um sujeito genial – antes da rebelião do exército de hienas do Tio Scar, deixo um esclarecimento: genialidade e performance em fundos não são a mesma coisa. Mesmo os melhores gestores do mundo tiveram alguns momentos ruins – e isso muda; a volta é muito mais rápida do que todos supõem.

Citei Stuhlberger aqui por uma razão: ele talvez seja a pessoa mais hábil em comprar *hedge* barato, ou seja, montar um *book* de investimentos com seguros cuja matriz de *payoff* apresenta uma assimetria muito convidativa entre perdas e ganhos potenciais. Assim, mesmo quando ele erra suas teses principais de investimento (sim, isso acontece até com os maiores gênios), ele acaba se ferindo pouco pelo acionamento desses seguros. Por vezes, esses acertos com uma fatia pequena do portfólio, comprados a preços muito atrativos (já que a materialização desses cenários era considerada altamente improvável), garantem todo o resultado do fundo.

A genialidade aqui é tão grande que o faz perceber que ser gênio é apenas parte do processo e não garante a antevisão de qual dos possíveis cenários à frente haverá, de fato, de se materializar. Atinge-se tal nível de inteligência que permite saber que aquela inteligência é limitada. Pode-se ver os limites da razão e dos modelos econométricos. Talvez essa seja a habilidade que falta a outros gestores, a de reconhecer a própria limitação. Não há paralelos com essa aptidão no mercado brasileiro.

Há sujeitos guiados por algo além da questão estritamente financeira. Chega-se a um ponto em que não é mais pela grana. O *drive* aqui parece não ser o dinheiro, mas o medo. O receio de estar errado num mundo em que, por mais que nos esforcemos, seguirá permeado pela incerteza e pela incapacidade de permearmos o futuro. É por isso que sempre precisamos de uma boa rede de proteção.

E o segundo recado está associado à antifragilidade, esse termo que Taleb cunhou procurando em diversos idiomas qual seria o antônimo de frágil. Ele perguntou para diversas pessoas: O que é "frágil"? E obteve a resposta que frágil é aquilo que se quebra facilmente a partir do choque. Então qual seria o contrário de frágil? Robusto, resiliente, resistente, durável? Não, isso não é o antônimo de frágil. Se frágil é o que se quebra com o choque, o antônimo de frágil não é só o que resiste ao choque, mas aquilo que tem que ganhar com o choque. O antônimo do negativo não é nulo, é positivo. É esse o caso: precisamos de alguma coisa que ganhe com o choque. E como não achou nenhuma palavra que representasse o que ele queria dizer, cunhou o termo antifrágil. E antifragilidade é justamente isso: você se beneficia do choque, você se beneficia da volatilidade, você se beneficia da incerteza.

Diferentemente de você tentar decifrar a incerteza, que por definição é indecifrável, vamos tirar proveito dela. É exatamente o caso de você estar comprado em uma carteira de ações e estar comprado em *put*. Qual o cenário ruim para você? Que tudo fique parado. Porque se cai muito, sua *put* se multiplica

N vezes. Então isso é um portfólio antifrágil. Ele também poderia ser visto como um portfólio em que você perde pouco em caso de estar errado e ganha muito se estiver certo. Então essa passa a ser sua grande estratégia. Diante de um cenário de enorme incerteza, eu vou procurar assimetrias entre o que eu perco e o que eu ganho adotando cada estratégia, em vez de tentar antever qual dos cenários vai se materializar e, portanto, escolher entre a estratégia A ou B. Essa é a diferença. Pare de tentar adivinhar qual a estratégia certa para o cenário que vai se materializar no futuro, porque isso a gente não sabe. Dessa prerrogativa nasce, além da necessidade de ter seguros, a outra, que é a da diversificação. De novo vou me indispor com Buffett porque ele tem uma frase clássica, sobre a diversificação ser a arma daqueles que não sabem o que estão fazendo. Se isso fosse um diálogo com Taleb, imagino que a resposta seria a seguinte: o problema é que normalmente a gente não sabe mesmo. Essa é a grande verdade.

Taleb define que você não precisa conhecer o que está acontecendo se pagar barato por aquilo e se tiver a assimetria trabalhando a seu favor. Depois de várias tentativas assimétricas, uma delas vai dar certo, mesmo que aleatoriamente, e será suficiente para sobrepujar os insucessos. Podemos abrir mão do conhecimento sobre um fenômeno e deixá-lo falar por si. Se há uma assimetria favorável, você não precisa estar certo com frequência. Uma manifestação a seu favor será suficiente.

Daí decorre, na Filosofia, uma diferença importante entre os aristotélicos e os talesianos. Os primeiros estão dedicados ao certo ou errado – em outras palavras, à lógica pura. Já os outros focam nas consequências das ações, no *payoff*, nas não linearidades. Ter conhecimento sobre um determinado fenômeno e auferir lucros a partir disso não são a mesma coisa. Se tiver que escolher entre uma das duas possibilidades, pragmaticamente, o investidor estará em situação muito melhor optando pela segunda.

O foco nessa matriz de *payoff* deve estar na escolha de ativos/portfólios que representem pouca perda na concretização de um cenário negativo e muito ganho se o cenário for positivo. Essa é a definição de uma alocação antifrágil. Nassim Taleb oferece duas recomendações práticas para quem deseja saber se seu portfólio obedece à antifragilidade. Construa uma gama de investimentos e se pergunte o que aconteceria com seu portfólio caso o mercado como um todo caísse 10%. Depois, refaça a pergunta: o que aconteceria se o mercado caísse 20%? Se o segundo número representar uma perda mais de duas vezes superior ao primeiro caso, então seu portfólio é frágil e precisa ser remontado.

A disposição tradicionalmente recomendada por Taleb é manter entre 80% a 90% de seu capital em ativos altamente seguros, resistentes a qualquer tipo de choque, e alocar o restante em ativos bastante arriscados, com a contrapartida de um potencial de retorno muito grande.

O QUE É "ANTIFRÁGIL", NA VIDA REAL?

Dólar: a taxa de câmbio segue, com o perdão dos palavrões, uma distribuição leptocúrtica e assimétrica à direita. Em português claro, isso significa que ela apresenta, com certa frequência, retornos bastante distantes da média, e isso ocorre com maior intensidade nas subidas do que nas descidas. A princípio, isso dá ao dólar um componente antifrágil interessante, de tal sorte que a moeda estrangeira, mesmo que seja apenas como instrumento de diversificação, precisa fazer parte dos portfólios. Conforme o contexto e o preço do dólar, você pode ter pouco ou muito da moeda norte-americana, mas algo sempre precisará ter. Em momentos de escalada acentuada do dólar, uma alocação em torno de 20 a 25% é suficiente.

Ações: por causa da responsabilidade limitada (o acionista não responde com o próprio patrimônio à eventual falência da companhia), ações são antifrágeis por definição – podem valer zero no caso negativo (perda de 100% do capital) e podem multiplicar por N vezes (ganhos potenciais superiores a 100%). Em alguns momentos, recomendei exposição muito baixa ou até mesmo zerada, em termos líquidos, à Bolsa. Como fazer isso? Uma forma simples e eficiente é através de BOVA11. O investidor compra, diretamente na Bolsa, cotas de um fundo que replica a carteira do Ibovespa. Isso garante uma diversificação interessante, preserva potencial de valorização e impede um dos principais erros do investidor pessoa física, que é o excesso de concentração. Uma posição em torno de 5% já faz sentido, com orientação de médio e longo prazo, sempre.

Volatilidade: apostar na volatilidade, por definição, é uma abordagem antifrágil. Trata-se do gosto pelo choque em sua mais pura perspectiva. Já recomendei previamente que investidores com acesso às bolsas internacionais comprassem VIX, o índice de volatilidade da Bolsa de Chicago. Há uma regra para se operar VIX, em que o investidor compra perto de 10 e vende por volta de 20. No momento em que este livro foi editado, estava na casa de 20, então já não fazia mais sentido a operação. A recomendação, àqueles que adotaram a estratégia, seria de embolsar os lucros. O investidor, sobretudo quem tem familiaridade com o mercado de opções, pode comprar *calls* (opções de compra) e *puts* (opções de venda) fora do dinheiro de Ibovespa Futuro ou de suas ações mais líquidas, de modo a ganhar com choques extremos.

CAMINHO 2

COMO AGIR SABENDO QUE VOCÊ NÃO SABE

Antes de passarmos para as recomendações mais práticas de como agir em um ambiente desconhecido, quero compartilhar com vocês algumas ideias e conceitos do Taleb para ajudar a analisar investimentos. Vamos começar por um diálogo que ele narra, supostamente verídico:

Anônimo: Nassim, você acha que a bolsa vai cair ou subir?

Taleb: Acho que vai subir.

Anônimo: Então, você está comprado?

Taleb: Na verdade, estou vendido!

Anônimo: Ah, ah, ah, ha! Sua ironia é curiosa...

Taleb: Estou falando sério.

Anônimo: Como assim? Não entendo...

Taleb: Eu acredito que há mais chances de a bolsa subir do que de cair. Entretanto, como todos estão apostando nesse cenário, meu potencial de valorização, se me posicionar para a alta, não é muito significativo a partir de agora. Os riscos de cair são menores. Mas, se entrarmos num ciclo negativo, ele será muito mais intenso do que um positivo. Logo, a aposta na alta da bolsa agora tem valor esperado negativo. Portanto, eu vendo.

Há ao menos duas lições valiosas nessa história. A primeira é que o investimento em ativos de risco está associado a um tipo de incerteza em que não importa apenas a frequência.

A intensidade também é relevante. Não se trata de um jogo binário, em que seu resultado é **zero** (prejuízo) ou **um** (lucro). A magnitude do movimento determina o resultado final. Os erros podem ser vários e pequenos. Basta um acerto grande.

Esse ponto é fundamental e enseja uma vantagem competitiva importante da posição comprada em ações e opções – nesse momento, gostaria de focar a argumentação nas ações. Mas eu gostaria mesmo é de chamar atenção para outro ponto da conversa, inicialmente apresentada, que me parece mais fundamental. Não importa tanto o que você acha que vai acontecer com o preço de determinado ativo financeiro. Se você acredita na alta ou na baixa, o foco deve estar sempre na matriz de *payoff*.

X NÃO É F(X)

Taleb defende que uma coisa é o domínio, outra é o contradomínio. Ou seja, F(x) é a sua exposição. Vou dar aqui um exemplo casual, depois um exemplo financeiro para facilitar o entendimento.

> **Exemplo casual**: Quando você vai comprar um apartamento na planta, você assina um contrato, com um memorial descritivo do que você tem ou não direito. Agora imagine se você ou a construtora tivessem que contratar um estatístico para projetar todos os riscos que poderiam atingir o seu apartamento? Com certeza alguns dos riscos reais não estariam contemplados nas melhores estimativas do estatístico e você deixaria de ser indenizado caso um incidente não estivesse previsto. Muita gente investe assim, achando que consegue projetar todas as variáveis no seu espectro de investimentos, tudo o que vai acontecer na economia e no mercado. Nesse caso, um advogado é muito melhor do que cinco estatísticos. Porque o advogado vai simplesmente colocar

> tudo num contrato de duzentas páginas. Vai ser bem chato de ler e assinar, mas você estará protegido.
>
> **Exemplo financeiro**: Quando um analista compra Bolsa e o índice cai, ele não estava necessariamente errado. Porque você não sabe qual era a estratégia, se era a de monitorar a Bolsa e ajustar as suas apostas, de forma que, quanto maior a chance de a Bolsa subir e maior o ganho associado a essa chance, maior a exposição (e, na hipótese contrária, menor a exposição). Então ele pode estar lucrando mesmo com o mercado em queda. A exposição do analista à Bolsa é diferente do que acontece com a Bolsa.

DEPENDÊNCIA DO CAMINHO

O segundo conceito é o de dependência do caminho. Se você lava a sua camisa e depois passa, você tem um resultado. Se você passa a sua camisa primeiro e depois a lava, o resultado é muito diferente. Aí você pode decidir o que é melhor ou pior. Você prefere um fundo que sai de 100 para 200 ou um fundo que sai de 100, vai para 60 e depois para 400? *A posteriori*, é claro que você vai preferir o segundo. Mas possivelmente esse fundo nem chegou lá, porque ao cair para 60, todo mundo sacou e ele teve que fechar.

Outro exemplo é um fundo que ganhou durante dez anos e depois perdeu por três anos consecutivos contra um que começou perdendo por três anos seguidos. O segundo não sobreviveu. Então a dependência do caminho é crucial. Você não pode em nenhum momento incorrer na possibilidade de ruína. É uma questão de sobrevivência. O Buffett fala que a primeira coisa que você tem que fazer para ficar rico é sobreviver, porque você nunca vai jogar a segunda rodada se você não sobreviveu à primeira. Então vale mais a pena ficar um pouquinho abaixo do CDI por muito tempo, do que correr o risco de não estar vivo para participar da segunda rodada do jogo. O próprio Taleb diz que não há um nível suficiente de benefícios capaz de compensar a ruína.

Em seu livro mais recente, Taleb dá continuidade a esse conceito, falando sobre a possibilidade do acaso lhe definir as coisas de forma desfavorável várias vezes, ou seja, um jogo sequencial em que você perdeu pouco na primeira rodada, depois perdeu mais um pouco na segunda e assim por diante. Para continuar no jogo, segundo Taleb, você precisa maximizar o crescimento da sua riqueza ao longo do tempo: se você ganhou, aumenta a sua aposta; se perdeu, diminui a aposta. Assim consegue se perpetuar no jogo para sempre.

RISCOS EM CAMADAS

O terceiro ponto é como separar riscos em camadas, aprendendo a dosar muito bem os riscos em seu portfólio. Um exemplo mais fácil de entender seria o risco de uma contaminação mundial pelo vírus Ebola. O risco de uma pandemia surge a partir do momento em que o mundo está cada vez mais conectado e sem fronteiras, criando uma sobreposição de riscos. Basta uma pessoa infectada viajar da África para Nova Iorque, contaminar alguém na Big Apple e boom! Seria possível conter o Ebola enquanto ele estivesse restrito à África, mas agora que ele se espalhou, que contaminou dez pessoas em Nova Iorque, não dá mais para ter o controle. Saímos do risco individual para o risco sistêmico.

Pensando assim você começa a avaliar os riscos que vêm da cauda. Não que será possível antever uma grande crise, mas você começa a avaliar o extremo da situação. No caso do Ebola, é justamente isso: um evento raro afetando diretamente a média e não a média espraiando para a cauda. Normalmente a gente se preocupa muito com o meio e não presta atenção no evento raro. E a abordagem talebiana é justamente de você começar do evento que seria considerado super raro. Ou seja, nunca tome riscos Ebola investindo.

ILUDIDO PELO ACASO

Esse é o nome de um dos livros do Taleb que nos mostra como relações absolutamente randômicas são tomadas como determinísticas. Se você tiver seis alvos em uma parede e um macaco atirar seis dardos, qual seria a probabilidade de acerto? Em teoria, a probabilidade seria cair um dardo em cada um dos alvos. Mas observe o macaco efetivamente jogando os dardos. Ele dificilmente vai mirar um em cada alvo. Vai jogar três, zero, zero, dois, zero e um e você vai imaginar que há um *cluster* de dardos se concentrando no primeiro. Mas foi simplesmente uma jogada aleatória. Só nos casinos, nos exemplos de laboratório é que essa máxima de jogar o dado seis vezes e ele dar um, depois dois, depois três é válida. No exemplo anterior, se um segundo macaco jogar os dardos, vai ter o padrão dele, e depois um terceiro macaco vai jogar e alguém vai tentar tirar correlações entre essas ações que obviamente foram absolutamente aleatórias e vai enxergar um padrão naquilo: vai achar que o primeiro e o quarto macaco se conheciam, porque os dois jogaram no mesmo alvo. E poderia começar a fazer teorias financeiras a partir dessas observações.

Essa questão de ser iludido pelo acaso funciona nos mais variados cenários. Qual foi o melhor fundo de 2003? Foi o de um gestor que concentrou suas apostas num ativo, com muita sorte aquele ativo subiu e ele passou para a história como um grande vencedor. Na verdade, foi simplesmente uma questão absolutamente aleatória esse gestor – talvez pelos motivos errados – ter se concentrado num ativo que subiu consideravelmente e sua situação de vencedor vai se perpetuar para sempre. Provavelmente isso influenciou sua captação em 2004, então ele conseguiu puxar as *small caps* que tinha no portfólio de 2003, foi bem de novo em 2004, até que de repente estourou em 2009. Isso demonstra que muitas vezes os resultados são gerados pelo acaso, randomicamente, e nós tentamos encontrar um padrão nisso, achando que aquele gestor era muito inteligente. Mas percebemos que não, justamente quando vem uma grande crise, como a de 2009, e o gestor simplesmente perde tudo.

Os analistas muitas vezes perdem a noção do ridículo fazendo correlações que não fazem o menor sentido. E essa é uma lição importante para aprendermos.

CISNE NEGRO

Para quem ainda não está familiarizado com o termo, vou explicar de onde veio o conceito do cisne negro (ou *black swan*, em inglês). Até a descoberta da Austrália, no início do século XVIII, os ornitólogos achavam que todos os cisnes eram brancos. Mas uma única observação na Austrália derrubou todas as outras, as centenas de anos da teoria de que todos os cisnes seriam brancos. O cisne negro é justamente um evento considerado raro, imprevisível, até você identificá-lo. É quando ele se torna óbvio.

Olhando em retrospectiva, hoje eventos inimagináveis nos parecem óbvios. Ninguém apostava em um *impeachment* da então presidente Dilma Rousseff, ninguém estava comprado em Bolsa meses antes daquele cenário se desenhar. Trump foi óbvio depois. Todos os bancos, todas as consultorias estavam em 8 de novembro de 2016 gastando milhões de dólares com pesquisas nos Estados Unidos para ver quem ia ganhar. E quem eles compraram? Hillary, todos eles.

Então fica parecendo que não temos nada a fazer, que o conceito do cisne negro desconstrói todo nosso arcabouço. Mas a resposta pragmática de Taleb é que nós precisamos estar preparados para os *black swans*, não no sentido de que nós vamos antevê-los e saber como nos afetarão, mas nos posicionando de tal forma que, se vier um *black swan*, não haja muita perda. E vou me proteger comprando bons seguros.

DESCONSTRUINDO MARKOWITZ

Para poder introduzir o método de diversificação de Taleb, vou desconstruir o prêmio Nobel de Ciências Econômicas de 1990, Harry Markowitz. Quando Markowitz leu a tese de doutorado de John Burr Williams, o pai do conceito do fluxo de caixa descontado, ele identificou uma suposta lacuna. À brilhante análise de Burr Williams faltava um apropriado gerenciamento de riscos. Supostamente motivado pelas contribuições filosóficas de David Hume (sobre as quais eu, particularmente, tenho sérias dúvidas), Markowitz se debruça sobre o tema e daí emerge a consagrada Teoria Moderna de Portfólio ou Fronteira Eficiente de Markowitz.

Suas ideias basicamente dominam a construção de portfólios de investimento, seja no âmbito acadêmico ou na esfera prática. O princípio essencial da teoria reside nos chamados ganhos da diversificação. A ideia geral é de que, selecionando ativos que não se movem na mesma direção, ou seja, de uma diversificação apropriada, o investidor poderia reduzir seu nível de risco e preservar o mesmo retorno potencial; ou, analogamente, aumentar seu retorno potencial para um mesmo nível de risco.

Intuitivamente, a noção geral se traduz no ditado popular de não colocar todos os ovos na mesma cesta. Para formalizar a construção, Markowitz parte da ideia de que o investidor gosta de retorno e não gosta de risco, e esse risco versus retorno pode ser medido pela volatilidade (variância ou desvio-padrão) do respectivo ativo. No modelo, só essas duas coisas interessam, além, é claro, da covariância entre os vários ativos da carteira. Ou seja, para aproveitar os ganhos da diversificação, o investidor não pode comprar coisas que se movem na mesma direção. Ele deve maximizar seu retorno esperado, para um determinado nível de risco. Ou minimizar seu risco para um nível de retorno. Então caímos num exercício clássico de otimização, uma derivada de primeira ordem. A maximização do seu retorno esperado para um determinado risco, ou a minimização do risco para um retorno preestabelecido lhe concede o chamado portfólio eficiente (matematicamente, trata-se de uma maximização de uma função com uma restrição, num simples lagrangiano).

Note que, para cada nível de retorno esperado predeterminado, está associada uma combinação de ativos que lhe confere um risco mínimo. Em outras palavras, cada nível de retorno prefixado fornece um portfólio eficiente. Conforme variamos esse nível predeterminado de retorno, teremos vários portfólios eficientes. Obviamente, vale o mesmo racional se queremos maximizar o retorno esperado para um dado nível de risco.

O conjunto dos portfólios eficientes que representa a Fronteira Eficiente de Markowitz está descrito no gráfico abaixo:

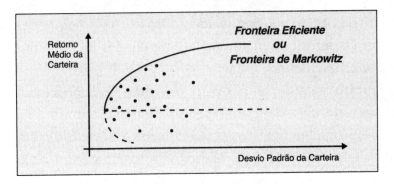

Fonte: MARKOWITZ, Harry M. *Portfolio Selection – Efficient Diversification of Investments*. Nova Jersey, Estados Unidos: John Wiley & Sons, 1991.

O investidor racional escolherá os pesos dos ativos de sua carteira capazes de estar justamente sobre a Fronteira Eficiente. Exatamente qual dos portfólios será escolhido ao longo dessa linha depende da preferência individual do investidor, do quanto ele gostaria de combinar entre risco e retorno. Qualquer uma das combinações de ativos que esteja na linha em negrito é eficiente. Não há melhor, nem pior. Apenas o respeito ao desejo do investidor em relação a risco e retorno.

Markowitz representa uma ideia intuitiva sobre alocação de ativos (a diversificação é valiosa) e uma formalização matemática elegante. Não passa disso. Há falhas absurdas em seu modelo, que atrapalham a concretização prática. Não se trata apenas de algo inócuo. É maléfico, pois representa um mapa errado. E não ter mapa, como já vimos antes, é sempre melhor do que ter um mapa errado.

FELIPE MIRANDA

É curioso como o próprio Markowitz dá pistas de sua inconsistência. Em seu artigo seminal sobre a Fronteira Eficiente, ele começa assim: "Assuma que o retorno esperado e o risco (variância) dos ativos são conhecidos". Desse ponto, segue por uma extensa derivação matemática para chegar ao conjunto de portfólios eficientes.

O problema é um tanto óbvio: eles não são conhecidos! Isso muda tudo e faz da formulação de Markowitz quase uma tautologia. Se conhecêssemos risco e retorno esperado, o mundo seria muito mais fácil. Com efeito, retorno esperado e risco (variância) precisam ser estimados e, como qualquer variável prevista, devem ser sempre acompanhados de um erro ou intervalo de confiança.

Markowitz despreza um pilar essencial da estatística. A parte mais problemática é que, ao incorporarmos esse elemento ao modelo, a tal derivação fica impossível. Com a devida correção, não haveria artigo, nem Nobel, nem Fronteira Eficiente.

Resumidamente, estamos diante do clássico artifício retórico usado pela Economia: escolhem-se, para o modelo, as premissas capazes de permitir a desejada formulação matemática. Há um completo descompromisso com a realidade e o rigor em prol do formalismo.

E quando parecia ser impossível ficar pior, Markowitz encerra seu trabalho clássico reconhecendo que risco e variância precisam ser estimados (pasmem: algo que ele não fez no artigo), por meio de técnicas científicas canônicas e pelo "julgamento do homem prático". Grifos meus, obviamente. Se precisamos, ao final, recorrer à subjetividade do julgamento do homem prático, simplesmente não há ciência. E podemos jogar fora a "matematização".

Isso seria suficiente para jamais usarmos explicitamente as sugestões derivadas da Fronteira Eficiente. Mas há outros problemas, igualmente importantes. Todo o modelo deriva de um modal média-variância. O investidor gosta de retorno (média) e não gosta de risco (aqui, medido pela variância ou pelo desvio padrão).

A crítica mais imediata à questão se refere à utilização da volatilidade como medida de risco, o que nos remete à clássica metáfora do peru de Natal (ou, para o caso norte-americano, de Ação de Graças), proposto por Bertrand Russell e posteriormente adotado por Nassim Taleb. Há uma versão brasileira para o caso no livro *Trópicos Utópicos*, de Eduardo Giannetti, em que é batizado de problema do granjeiro.

Um peru é alimentado, sem nenhuma volatilidade, por 360 dias do ano. A cada dia, aumenta a confiança de que ele será devidamente abastecido com sua ração. No ápice da confiança, no dia 24 de dezembro, o peru vira o jantar daquela família.

Fundos de crédito são uma maravilha, marcados na curva sem nenhuma volatilidade – até que, subitamente, ocorre uma surpresa ao final. Os lucros dos bancos norte-americanos só faziam crescer às vésperas da quebra da Lehman Brothers em 2008. As Torres Gêmeas pareciam muito estáveis até o 11 de Setembro, sem nenhuma variância.

A volatilidade revela o risco. Ela é positiva, no sentido de que você sabe com o que está lidando. A ausência de volatilidade é o problema, pois, nesses casos, os riscos estão escondidos e o risco de você incorrer numa surpresa acaba se mostrando maior lá na frente. Toda vez que a volatilidade do mercado começar a diminuir, é a famosa calmaria antes da tempestade. Ou aquele último suspiro antes do desfalecer. E é aqui que você vai comprar seguro, porque a volatilidade entra como variável explicativa do preço de seguro (e o seguro clássico de bolsa são as opções). Quando a volatilidade está baixa é quando o risco está maior, mas é quando os preços das opções estão menores.

Os maiores riscos são justamente os desconhecidos, para os quais não estamos preparados. Ao se deparar com um ativo ou uma carteira sem volatilidade, você está apenas lidando com um bicho que carrega mais riscos escondidos. E é dele que você deve fugir.

Risco não é volatilidade. Isso precisa ficar claro na cabeça do leitor. Em algumas situações, há de se preferir carteiras mais voláteis do que outras, pois seus riscos são coisas e elas provavelmente estarão mais bem preparadas para atravessar a próxima crise, já previamente testadas por um estresse anterior.

Outro ponto importante é que, ao contemplar apenas os dois primeiros momentos da distribuição (média e variância), o arcabouço negligencia a importância de momentos superiores, como curtose (os eventos raros, aqueles muito distantes da média) e assimetria.

Aqui há um ponto nevrálgico, pois a evolução do preço dos ativos financeiros em longo prazo depende sobremaneira da curtose. Se você retirar os cinco piores ou cinco melhores dias da história do S&P 500 (Standard & Poor's 500), por exemplo, o efeito final é brutal. O mesmo vale para o Ibovespa ou para qualquer outro ativo.

O mais interessante é que o argumento anteriormente restrito às abordagens mais heterodoxas começa a ser aceito também nas praças mais tradicionais, desde que Robert Barro publicou um artigo já clássico denominado "Rare Events and Equity Premium", mostrando a importância dos eventos raros no apreçamento das ações. Assim, ao restringir o instrumental analítico à média e à variância, perdemos o essencial. Na tentativa de simplificar a realidade, acabamos distorcendo-a, jogando fora o bebê junto com a água do banho.

Por fim, a questão filosófica. Markowitz alega que começa sua investigação sobre gerenciamento de risco amparado nas ideias de David Hume. Talvez, não tenha atentado ao problema da indução, uma questão clássica associada a Hume.

Para estimar retornos esperados, variâncias e covariâncias, essenciais para a construção da Fronteira Eficiente, partimos basicamente de seu comportamento histórico. Há uma crença implícita – talvez até explícita – de que essas coisas, preservadas ao longo do tempo, guardam certa estabilidade. O passado será repetido no futuro. E isso simplesmente não é verdade. Variâncias e covariâncias são altamente instáveis. Sendo ainda mais rigoroso, para séries financeiras, que tradicionalmente seguem distribuições que obedecem a leis de potência, os desvios padrão não podem sequer ser calculados, pois são indefinidos.

Resumidamente, a Fronteira Eficiente é uma bela construção retórica, mas, em termos práticos, carrega pouca utilidade.

DIVERSIFICAR TAMBÉM PODE SER PERIGOSO

Há um contraponto interessante à ideia de diversificação. E ele vem de Warren Buffett. Pense num sujeito que planta couve. Ele tem experiência, dedica-se à atividade há 25 anos. O risco de errar na próxima colheita é baixo. Mas ele resolve, subitamente, diversificar sua atividade também para a plantação de taioba. Eu sinceramente não sei muito bem a diferença entre uma e outra, mas vamos assumir que sejam significativamente diferentes em seu plantio.

O que acontece com esse agricultor, na sua opinião? Ele teve seus riscos diminuídos, já que diversificou de atividade e agora, caso haja mazelas específicas para a plantação de couve, pode se salvar com a colheita de taioba? Ou, por atuar numa nova atividade em que não domina, enfrenta agora riscos ainda maiores?

Markowitz certamente enalteceria os ganhos da diversificação. Com a entrada na nova atividade, ele encontra uma nova frente e pode se blindar contra os riscos específicos inerentes à plantação de couve. Se uma praga atingir a plantação original, como um bichinho típico nocivo à couve, ainda poderá se alimentar com a outra verdura, incólume àquele predador.

Possivelmente, Warren Buffett discordaria. Conforme precisamente descrito em *The Warren Buffett Way*, o sábio de Omaha é um grande defensor da estratégia focada de investimento. Segundo ele, em muitas situações, a diversificação implica aumento dos riscos.

Quando você passa a fazer uma atividade que não conhece, quando se propõe a desfocar para um novo ramo, pode acabar incorrendo em muito mais riscos do que se estivesse concentrado naquilo que domina.

Se o agricultor em questão domina os meios e modos de produção da couve, o risco de fracasso aqui parece baixo. Porém, se arriscar mexer com taioba, pode não ter bons resultados. Obviamente, a metáfora pode ser perfeitamente replicada para o caso das finanças. Um *trader* de renda fixa competente pode ganhar rios de dinheiro neste mercado. No momento em que decide diversificar para a renda variável, no entanto, pode encontrar sorte bem diferente.

Segundo a abordagem clássica do *value investing*, a filosofia proposta originalmente por Benjamin Graham e posteriormente expandida por Warren Buffett sob influência intensa de Charlie Munger, Phillip Fisher e John Burr Williams, é melhor investir numa única empresa sobre a qual se mantém total domínio, que o acionista conhece com profundidade, identifica um preço atraente e dispõe de muita margem de segurança, do que ampliar o rol para possibilidades sobre as quais o desconhecimento é maior.

Há uma necessidade imperativa de, na linguagem original, manter os investimentos dentro de seu círculo de competência. Na área em que dominamos, podemos ter muito mais ciência do que estamos fazendo. Assim, é mais fácil se apropriar de uma assimetria de informação, algo ainda não incorporado devidamente ao preço das ações. No estudo *Imitation is the Sincerest form of Flattery: Warren Buffett and Berkshire,* de Gerald Martin, Gerald S. Martin e John Puthenpurackal debruçaram-se sobre os investimentos realizados pela firma de Buffett entre 1976 e 2006. O artigo constatou que as cinco maiores ações do portfólio, tipicamente *large caps* de crescimento, concentram, na média, 73% de toda carteira.

O professor e economista Andrea Frazzini, com a ajuda de alguns colaboradores, também estudou a "fórmula" de Warren Buffett para comprar ações. Ele encontrou ações baratas (normalmente sob o critério de preço sobre valor patrimonial), seguras (baixa volatilidade e resultados razoavelmente estáveis) e de qualidade (lucros crescendo acima da média do setor por vários anos e pagamentos de dividendos razoáveis). Tudo isso numa concentração elevada, com poucas ações respondendo por quase 80% de todo o portfólio.

COMO VIVER EM UM MUNDO QUE NÃO ENTENDEMOS?

A ideia de focar em nosso círculo de competências, de fato, pode ser bastante útil e profícua. O problema é que ela jamais poderá eliminar a aleatoriedade e a incerteza do mundo. Jamais seremos capazes de entender por completo a dinâmica dos fatores que determinam a formação do preço dos ativos.

Você estuda, estuda e estuda a ação daquela produtora de frangos. Ninguém entende daquilo mais do que você. A empresa é ótima. Excelente canal de distribuição, marcas reconhecidas, alta barreira à entrada e sólidos canais de crescimento a longo prazo. Tudo isso permeado por um *valuation* convidativo. Pronto! Você está convencido a comprar aquele ativo, e de forma concentrada. De repente explode uma gripe aviária e todo o *case* vai por água abaixo. Se o exemplo lhe pareceu muito distante, troque gripe aviária por Operação Carne Fraca.

Os elementos que realmente determinam a evolução do preço dos ativos – assim como qualquer outra dinâmica do curso da história – são os cisnes negros, os eventos considerados raros, de alto impacto e imprevisíveis *a priori*.

Imagina se o Mark Zuckerberg tivesse entendido o Facebook? Ou se Sergey Brin soubesse a dimensão que teria o Google, que começou com um conceito diferente de uma ferramenta de buscas? Ou o que dizer de Steve Jobs e o sucesso gigantesco da Apple?

As grandes mudanças ou descobertas que movem o mundo não foram planejadas, não foram entendidas. As coisas se dão a partir de um processo de tentativa e erro, o clássico *thinkering*, em que você pinça uma série de alternativas e tenta se apropriar de surpresas positivas que possam acontecer no meio do caminho. Porque surpresas negativas, se vierem, vão lhe trazer pouca perda.

Pense na sua própria vida. Você é capaz de antever como ela estará daqui a um ano? Recorra ao passado. Os fatores que realmente definiram sua trajetória, os fundamentalmente estruturantes, foram antecipados, ou simplesmente ocorreram, de maneira súbita e inesperada? Se vale para nós mesmos, por que não haveria de valer para algo externo, no caso a avaliação de uma empresa ou de um título?

Por mais diligentes e dedicados que sejamos, a realidade insistirá em ser mais complexa, impossível de ser mapeada e antevista. A incerteza jamais vai desaparecer do processo. Até hoje não conseguimos responder as perguntas mais essenciais e ontológicas: De onde vim? Para onde vou? Quem sou?

O mundo e as alternativas de investimento não existem para ser compreendidos. Mesmo dentro de nosso círculo de competências, o futuro permanecerá opaco, impermeável. O mundo é ininteligível e o segredo é aprender a viver num mundo que não entendemos.

Se pudesse, eu realmente adoraria entender as coisas. A razão é uma grande emoção, é o desejo de controle. Infelizmente, eu não posso. As forças determinantes do comportamento futuro de uma ação jamais poderão ser mapeadas e enquadradas numa planilha de Excel. Em outras palavras, mesmo confinados a nosso círculo de competências, não estamos protegidos de vários riscos, aqueles que não podemos sequer identificar. Os tais *unknown unknowns*[1] do Donald Rumsfeld. O que nem sequer sabemos que não sabemos. Desse arcabouço, decorre que a concentração pode ser um perigo. Nunca haverá margem de segurança suficiente para contrariar a necessidade de diversificação. Se você tem uma posição grande num determinado ativo e é afetado por um cisne negro negativo, não há saída.

Mesmo depois de muita diligência, nesse caso você teria sido frontal e brutalmente vitimado por uma posição que fora dimensionada equivocadamente, pois ela não contemplava a possibilidade de uma surpresa. O problema é que as surpresas efetivamente acontecem, e elas não têm nenhuma predileção especial em serem positivas.

Mas, se não entendemos o mundo, o que fazer? Além de rezar, temos saída? Ou apenas nos resta uma postura niilista, estando nós condenados à ocorrência dos cisnes negros e às intempéries da deusa Fortuna? Felizmente, não entender e não agir são coisas diferentes. Aliás, o entendimento é um substituto ruim para o necessário foco na matriz de *payoffs*.

Nassim Taleb nos oferece uma proposta pragmática para lidar com a incerteza e nossa falta de capacidade de entendimento, com uma estratégia objetiva para a gestão de ativos. É o que ele chama de *Barbell strategy*, que eu traduzo, na ausência

---

1 Em fevereiro de 2002, o Secretário de Defesa dos Estados Unidos Donald Rumsfeld deu uma declaração sobre a falta de evidências ligando o governo do Iraque com o fornecimento de armas de destruição em massa a grupos terroristas, que foi alvo de muitos comentários e piadas: "Os relatórios que dizem que algo não aconteceu são sempre interessantes para mim, porque, como sabemos, há coisas que sabemos que sabemos. Também sabemos que há desconhecidos conhecidos, isto é, sabemos que existem algumas coisas que não conhecemos. Mas também há desconhecidos desconhecidos – os que não sabemos que não sabemos. E se alguém olha ao longo da história do nosso país e de outros países livres, essa última categoria tende a ser a mais difícil.

de uma expressão mais adequada, como "Estratégia em Dois Polos". Você encontrará uma explicação mais detalhada sobre essa estratégia no **Caminho 5**.

Markowitz chegou à conclusão errada, pelos motivos errados, do porquê você tem que diversificar. Mas ele está certo sobre a necessidade de diversificação. Por que não faz sentido você comprar apenas uma *small cap*? Porque a chance de você estar errado é gigantesca. Mas as ações têm um componente antifrágil maravilhoso. E é aí que você pode se aproveitar da incerteza.

Daí vem a necessidade da diversificação. Porque ela é uma forma de você se expor a um mini Google, a uma grande multiplicação. Apropriar-se da característica inerente às ações, que é a antifragilidade. Muda completamente a ideia da concentração do Buffet, que recomenda entender demasiadamente sobre uma empresa e conseguir se diferenciar dos demais, pelo seu círculo de competências.

Imagine que você compre 100 *small caps*. Onde 100 é igual a x. Pode ser 200, 300, quantas você conseguir. O que é provável que aconteça depois de 40 anos? Por conta da responsabilidade limitada, não respondemos com nossos próprios patrimônios quando compramos ação. Então o máximo de capital que você pode perder com uma ação é 100%. Mas o quanto você pode ganhar é infinito. As ações, por definição, são antifrágeis. O quanto você pode ganhar é muito maior do que quanto você pode perder. Depois de 40 anos em uma carteira de 100 *small caps* (e é isso que o Taleb faz), o que vai acontecer? Dando um exemplo aleatório: 30 deles vão desaparecer, 30 vão ficar no meio do caminho e 30 vão ter se multiplicado por dez vezes. O pior cenário possível é uma ação "morrer", aí você perdeu 100%. Aquela empresa faliu. O melhor que pode acontecer é subir 300 mil porcento. E aí um mini Google que você tenha na sua carteira vai compensar suas 99 paletas mexicanas. Então tudo o que a gente tem que fazer é buscar um mini Google. E, obviamente, quanto

> mais você amplificar seu número de ações na carteira, maiores as chances de você capturá-lo.

O Steinbruch comprou as ações da família Rabinovich, da CSN, às vésperas de uma derrocada das ações. Ou seja, quem mais entendia de ações de CSN comprou e o negócio derreteu. Os gênios da 3G Capital compraram a Budweiser às vésperas do brutal enxugamento de liquidez decorrente da quebra dos problemas do *subprime* norte-americano. Jorge Paulo Lemann comprou o Banco Garantia às vésperas de uma queda de 61% do principal índice de ações brasileiro. O fundo de investimentos Vinci Partners comprou ações da PDG a um múltiplo do valor atual – meses depois, já dentro da companhia e conhecendo a fundo o ativo, comprou mais... e perdeu de novo.

Isso acontece porque o futuro permanece opaco. Você vai se concentrar em uma ação que é maravilhosa, de proteína bovina, aí vem uma vaca louca e acaba com tudo. Alguém pode dizer que recupera depois. Não. Se você estiver concentrado, não recupera depois. A única definição possível de racionalidade é aquela associada a evitar o risco de ruína. Você precisa permanecer no jogo. Se você estiver concentrado, morre no meio do caminho. Você não joga o jogo de novo. Ganhar 1 milhão e perder 500 mil é completamente diferente de perder 500 mil primeiro. Você não volta. Então essa é a importância da diversificação. Isso é completamente diferente do que o Buffett apregoa.

O que vou propor é fazermos justamente o que eu acho que o Buffett faz na prática. Vamos combinar as métricas tradicionais do *value investing* com a antifragilidade talebiana. Usaremos o conhecimento de dois gênios, usando todos os métodos tradicionais do *value investing* para descobrir se uma ação está barata, mas não vamos esperar ela convergir para um preço-alvo. Não sabemos e nem nunca vamos saber o tal do valor intrínseco – quando, como e o quanto a ação vai subir – mas vamos usar todo o ferramental para identificar ações que tenham a melhor chance de variar muito para cima e pouco para baixo.

Essa foi a escolha de uma ação. Para montar um portfólio de menor risco, você terá que deixar a maior parte de seu portfólio (90% a 95%) em *treasury*, poupança, títulos públicos e surfar nos outros 10%, assumindo maiores posições de risco. Divida equitativamente esses 10% entre todos os demais ativos de muito risco que garimpou. Quanto mais ativos de risco você tiver, melhor. Porque tudo o que você precisa é de um acerto. Se acertar, vai obter uma grande valorização porque você está correndo muito risco. Porém, se não acertar nenhuma dessas apostas, se não encontrar nenhum mini Google, perde apenas 10% de seu patrimônio. No **Caminho 6** darei mais detalhes sobre como montar um portfólio de menor risco.

CAMINHO 3

UM POUCO DE REDUNDÂNCIA
É SAUDÁVEL

Se a Economia pertencesse ao escopo do *hard science*, como a Física ou a Matemática, não precisaríamos estudar os clássicos do pensamento. Tudo estaria consolidado na chamada "fronteira do conhecimento". Todas as contribuições feitas ao longo da história estariam incorporadoras ao estado atual da teoria.

Assim, a história do pensamento econômico serviria apenas como disciplina construída para satisfazer uma espécie de curiosidade intelectual daqueles interessados na história das ideias.

Há dois problemas fundamentais com a ideia da fronteira do conhecimento em Economia. Corrijo: pelo menos dois. O primeiro deles tem um nome pomposo para algo bastante simples: reconciliação problemática.

Conforme define Pérsio Arida no clássico *A história do pensamento econômico como teoria e retórica*:

> o princípio da reconciliação problemática afirma que as matrizes básicas da teoria não se contrapõem frontalmente; na verdade, deslocam-se mutuamente. Entre a matriz A e a matriz B, é problemático tanto contrapor A a B quanto sintetizá-las. As duas matrizes, por estruturarem visões abrangentes do mundo econômico, dificilmente admitem fusões.

Tentando ser um pouco mais didático, talvez de forma pretensiosa e sob o risco de alguma imprecisão, está por trás desse princípio a noção de que, para haver uma consolidação adequada do pensamento econômico na fronteira do conhecimento, uma tese deveria ser confrontada com outra (antítese) e, desse embate, surgiria uma síntese vencedora, com o melhor de cada uma. Da disputa de ideias diferentes, nasceria uma nova capaz de jogar fora o que havia de ruim nas anteriores e provida das melhores coisas de cada uma.

Isso, no entanto, acaba sendo uma impossibilidade. Por vezes, não há como sintetizar o melhor entre as teorias A e B, pois elas refletem visões abrangentes do mundo econômico, e não necessariamente representam a mesma visão de mundo, de modo que fica impossível ao observador identificar seus méritos e deméritos.

Em outras palavras, para que a noção de fronteira do conhecimento fosse apropriada, os embates entre as variadas teorias e escolas econômicas ao longo da história deveriam ser definidos pelo que se chama de superação positiva. Sai vencedora a tese que efetivamente apresentou os melhores argumentos e a maior aderência à realidade. Nesse caso, as controvérsias terminariam e seriam percebidas como findas pelos participantes, tornando-se superadas, afastando-se da fronteira e isolando-se no passado. A superação positiva traz em si a percepção de que, do embate entre tese e antítese, emerge a verdade, aceita por todos os participantes.

O ponto central é que as situações ao longo da história em que os embates foram definidos por superação positiva são muito limitadas. Da controvérsia, não emergiu necessariamente uma verdade aceita por todos os participantes, aquela que reunia o melhor de cada teoria numa síntese incontestável. Em várias situações, a resolução se deu apenas de forma parcial e momentânea. Em outras, o término das discussões decorreu por questões absolutamente frívolas como cansaço e desinteresse.

Essa é justamente a maior contribuição teórica de Pérsio Arida e Deirdre McCloskey. Ao longo da história do pensamento econômico, as teorias que saíram vencedoras foram simplesmente aquelas que ofereciam as melhores regras de retórica. Não eram necessariamente as teorias mais aderentes à realidade, que tinham melhor poder preditivo ou qualquer coisa parecida. Elas eram mais convincentes. Só isso.

A conclusão elimina a possibilidade de recorrermos a uma suposta fronteira do conhecimento na Economia e exige o resgate da leitura dos clássicos. Se você quer, de fato, entender a Economia e seus meandros, terá de recorrer a eles.

Isso já seria suficiente para desqualificarmos a chamada "ciência jovem" como *hard science* e para nos obrigar a ler os clássicos. Mas há ao menos uma outra questão, aquela ligada ao chamado "problema da não tradução". A ideia aqui é que os estudos sobre Economia funcionem como uma espécie de telefone sem fio. Ler alguém falando sobre o Buffett não necessariamente corresponde às ideias de Buffett fidedignamente. Muita coisa pode se perder quando um terceiro narra o trabalho feito por um autor original. Aqui cabe a famosa piada: "Em todas as ocasiões em que se apresenta o keynesianismo, aparecem três versões: a minha, a sua e a do próprio Keynes".

Resumindo a brincadeira, não há como não recorrermos aos clássicos. E isso nos traz a David Ricardo. Ele é um dos grandes, da envergadura de Adam Smith, John Stuart Mill, Karl Marx, John Maynard Keynes, entre outros.

Entre suas principais contribuições está a chamada Teoria das Vantagens Comparativas, sistematizada no clássico

The Principles of Political Economy and Taxation, que viria a influenciar sobretudo a Economia Internacional, com desdobramentos inclusive sobre o Nobel de Paul Krugman (já não se fazem mais prêmios Nobel como antigamente!). Embora a ideia seja mais tipicamente aplicada ao comércio entre dois países, ela também pode ser replicada para duas regiões, duas indústrias ou dois setores de atuação.

A essência da prescrição de Ricardo está na conclusão de que dois países podem se beneficiar do comércio entre eles caso ambos se especializem naquilo em que possuem vantagem comparativa, dada pela razão de produtividade entre as nações.

Anteriormente a Ricardo, prevalecia a noção de vantagem absoluta, em que cada país especializar-se-ia nos setores em que é mais produtivo, comercializando seus produtos com outros países. Na visão ricardiana, a ideia é que, mesmo sem possuir vantagem absoluta, um país deve se especializar naquilo em que dispõe de vantagem comparativa.

Se a nação A é melhor do que a nação B para produzir dois bens diferentes, mesmo assim ela deve se especializar, focando naquilo em que é – com o perdão da atrocidade linguística – "mais melhor".

Um exemplo prático pode ajudar no entendimento. Existem dois países: Pindorama e Jaboticaba. E dois bens a serem produzidos e consumidos: vinhos e tecidos. Se ambos produzissem somente vinhos, teríamos, ao final de um ano, 100 litros de vinho em Pindorama e 200 litros de vinho em Jaboticaba. Se ambos produzissem somente tecidos, teríamos, ao final de um ano, 50 toneladas de tecido em Pindorama e 400 toneladas de tecido em Jaboticaba.

Sem a possibilidade de troca, cada país dividiria seus recursos entre vinho e tecido, e a produção dos dois países ficaria sendo 50 litros de vinho e 25 toneladas de tecido em Pindorama; e 100 litros de vinho e 200 toneladas de tecido em Jaboticaba. Total de 150 litros de vinho e 225 toneladas de tecido. Note que Jaboticaba é mais eficiente do que Pindorama nas duas situações, tanto para produzir vinhos quanto tecidos.

Agora imagine que cada um se especialize naquilo em que goza de vantagem comparativa (interessa a razão da produtividade; Jaboticaba é ainda "mais melhor" do que Pindorama para produzir tecidos do que para produzir vinhos). Então, Pindorama vai produzir apenas vinho, e Jaboticaba apenas tecido. Logo, teremos, ao final de um ano, 100 litros de vinho e 400 toneladas de tecido.

O resultado final é superior ao anterior (150 litros de vinho e 225 toneladas de tecido). Isso fica claro se você olhar que, em Jaboticaba, para se produzir 1 litro de vinho, o custo de oportunidade seria 2 toneladas de tecido.

Se Jaboticaba decidisse produzir 50 litros de vinho, abriria mão de 100 toneladas de tecido. Nesse caso, portanto, a produção final de Jaboticaba seria de 50 litros de vinho e 300 toneladas de tecido.

Somando aos 100 litros de vinho produzidos em Pindorama, teríamos uma produção dos dois países somados de 150 litros de vinho e 300 toneladas de tecido.

Isso se compara à alocação original de 150 litros de vinho e 225 toneladas de tecido. Ou seja, chegamos a um resultado final em que há a mesma produção de vinho e mais toneladas de tecido, o que é evidentemente mais desejável do ponto de vista econômico-social.

Em resumo, a especialização derivada das vantagens comparativas levou a uma solução melhor do que aquela em que ambos os países se dedicavam às duas atividades.

Essa é a teoria das vantagens comparativas de David Ricardo. E, embora tenha sofrido críticas pontuais, como aquela do cepalista Raul Prebisch sobre a desconsideração da dinâmica de longo prazo dos preços, ou como o desprezo por ganhos de escala e custos de transporte, o modelo ricardiano balizou por completo a visão ortodoxa de comércio internacional, alocação de recursos entre regiões ou setores, entre outras coisas ao longo do tempo.

O resultado ótimo para a sociedade viria da total especialização naquilo em que se tem uma determinada vantagem comparativa. Essa é a visão de consenso. Estamos atrás da otimização, da especialização, da concentração.

Há alguma brecha, além das questões absolutamente pontuais mencionadas dois parágrafos acima, na teoria de David Ricardo? Sim. E a fragilidade é, na estrutura da coisa, capaz de colocar em risco toda a sociedade.

Suponha que Pindorama esteja totalmente focado na produção de vinhos. E Jaboticaba integralmente dedicado aos tecidos. O que aconteceria no caso de uma praga inesperada, uma surpresa negativa absolutamente deletéria para a produção de vinhos? Simplesmente, chegaríamos ao colapso total da sociedade. A população dos dois países morreria de fome – ou, sendo mais preciso, de sede. A alocação supostamente ótima é, na verdade, bastante frágil, sensível ao choque e incapaz de lidar com uma surpresa negativa.

Enquanto a prescrição da economia clássica indicava o caminho da alocação perfeita/ótima, a realidade matou todo mundo. Qualquer alocação de recursos deve presumir alguma redundância, uma proteção a eventos negativos, algo de que você abre mão para poder atravessar surpresas adversas. É muito melhor rodar um pouco abaixo do ótimo – aquele que seria seu retorno potencial máximo – e garantir seu viés de sobrevivência.

Se você entra na curva com a estratégia *win/wall* (vencer ou bater no muro), uma hora vai dar de cara na parede. Com 90% daquela velocidade, você ainda pode estar muito bem posicionado.

A natureza é sábia e os exemplos de redundância estão por toda parte: dois braços, dois olhos, dois ouvidos, dois pulmões.

O atento empresário, treinado na inteligência da rua, entende o ponto e, em vez de otimizar seu custo, contrata duas, às vezes três internets ao mesmo tempo – custo é baixo para o potencial estrago de uma falha. Sistemas de TI são tradicionalmente feitos amparados no conceito de satisfação e redundância, contrariamente à otimização.

Todo gerenciamento de risco bem feito requer uma alternativa ao plano original, capaz de nos fazer atravessar crises quando o cenário base é infringido. Para um avião cair, normalmente ocorrem sete erros, um atrás do outro ou de maneira simultânea.

No transcorrer do tempo, e precisamos estar aqui para o longo prazo, as surpresas negativas necessariamente vão acontecer. Se você tiver uma alocação concentrada e otimizada, pode morrer no meio do caminho. A tática *win/wall*, quando repetida várias vezes, certamente resulta num *wall*. Você pode trocar um pouquinho de retorno por muita proteção. Vai valer a pena.

CAMINHO 4

COMPRE AÇÕES E COMPRE SEGUROS

Há tempos estou otimista com a Bolsa brasileira. Já estive sozinho nessa. Hoje, com algum constrangimento, tenho companhia. Tomando emprestadas as palavras de Grouxo Marx, me recuso a fazer parte de um clube que me aceita como sócio. É um pouco triste, mas fazer o quê? Ainda não consigo discordar de mim mesmo, muito embora até tente em alguns momentos.

Felizmente, ainda há esperança. Apesar de outros analistas também traçarem prognósticos favoráveis às ações brasileiras, parecem-me comedidos comparativamente às minhas convicções. Não à toa, tenho sugerido aos clientes uma exposição total à renda variável em torno de 30% de suas carteiras, o que é substancialmente maior do que se vê por aí. Com ajuda da sorte, tem funcionado.

Mas que isso não seja confundido com irresponsabilidade e/ou falta de proteção. Sabe como é: *safe sex or no sex at all*. Seja lá qual for o cenário, sou defensor de um método e de uma filosofia. O investidor deve sempre estar protegido para eventuais surpresas negativas. É a partir dessa premissa que deve começar a montagem de qualquer portfólio.

Parafraseando Nassim Taleb, *start looking from the tail* (comece olhando pela cauda). Ou seja: inicie a montagem de seu portfólio admitindo o pior cenário possível, uma grande catástrofe, e se proteja contra isso. Construa uma carteira que possa

FELIPE MIRANDA

atravessar a maior das turbulências. Se você está engajado na construção de patrimônio a longo prazo, você não pode morrer no meio do caminho. Conte com surpresas negativas no processo, pois, esteja certo, elas aparecerão.

Daí a importância de termos as tais proteções. Aliás, são justamente elas que nos permitem ter uma posição tão grande em Bolsa. Caso nossa exposição em renda variável derreta, esses seguros vão se valorizar destacadamente, amenizando o resultado consolidado da carteira.

Isso nada mais é do que a formulação clássica do chamado *tail hedging*, que tem entre seus precursores Taleb e seu ex-sócio Mark Spitznagel, tanto originalmente no fundo Empirica quanto na *asset* atual desse último, a Universa.

Há várias formas de se instrumentalizar o *tail hedging*. Aqui apresento uma delas, que considero a mais simples de todas, a partir da proposta mais trivial possível de Spitznagel, adaptando-a ao caso brasileiro. Não se trata de uma recomendação pontual, mas de um instrumental analítico a que se deve recorrer sempre que se desejar implementar o *tail hedging* como um método sistemático e pragmático.

A abordagem consiste em destinar um montante fixo de capital a cada mês para comprar *puts* fora do dinheiro sobre contratos futuros usando o principal índice de ações dos EUA, o S&P 500, com vencimento para daqui a quatro meses. E depois, mecanicamente, realizar o *delta hedging* dessa operação. As *puts* são mantidas até o vencimento ou vendidas caso seu preço atinja níveis ridiculamente estratosféricos.

Tentando tornar mais simples a explicação, é como se você comprasse o direito de, em quatro meses, vender contratos futuros sobre um determinado índice de ações (no caso, o americano S&P 500), por um preço muito inferior à sua pontuação atual. É apenas e tão somente isso.

Como hoje, por construção, o S&P 500 estaria numa pontuação muito superior àquela em que você poderia vender contratos sobre ele (ninguém quer vender a 1.900 o que está 2.300, certo?), esse direito vale pouco na data atual. Caso o índice caia substancialmente (apenas como hipótese desse exercício, para 1.700), esse direito passará a valer muito. Essa é a essência do *tail hedging*: quando há uma grande deterioração dos mercados, seus seguros (no caso, as *puts*) se valorizam destacadamente.

O *DELTA HEDGING*

O termo "delta" se refere à variação do preço da opção (prêmio) em relação a uma mudança do ativo subjacente (ação, índice ou, no exemplo acima, contrato futuro). A estratégia de *delta hedging* consiste em montar um portfólio de forma que seu valor total não mude a partir de variações no preço do ativo subjacente.

Assuma que uma determinada ação está sendo negociada a R$ 205. Um investidor compra uma *put* sobre essa mesma ação com preço de exercício de R$ 202. Supondo um *delta* desta opção de -0,4, ou seja, cada vez que a ação varia 1 real, a opção perde 0,40 real. Então, se o investidor tem 1.000 dessas opções de venda, por exemplo, poderá comprar 400 ações da respectiva companhia, estando assim, em termos consolidados, neutro em relação a eventuais perdas do ativo subjacente.

Se a ação cair 2 reais, sua posição aqui trará prejuízo de 800 reais (lembre-se de que, neste exemplo, você está comprado nas ações). No entanto, dado o *delta* de -0,4, suas opções seriam valorizadas nos mesmos 800,00 reais (2x0,4x1.000). Ou seja, resultado consolidado neutro.

Esse é um exemplo americano. Mas como fazer isso na prática no mercado brasileiro?

Há alguns problemas. O primeiro: não temos liquidez para todas as opções. Você pode até ligar nas mesas de operações e pedir para montarem. Em alguns casos, até funciona, mas provavelmente, por conta da baixa liquidez, o preço cobrado será escorchante. A maior parte do lucro – se não for o lucro todo – ficará com o próprio banco/corretora.

O segundo ponto é que também não há liquidez em opções de prazos mais longos, como esse de quatro meses. Normalmente, a liquidez está limitada a dois meses à frente, quando não a apenas um mês.

Isso posto, é necessário que o investidor entenda que estamos trabalhando no campo das imperfeições. Se vivêssemos num mercado perfeito, poderíamos comprar várias ações diferentes e as *puts* sobre cada uma dessas ações, individualmente. Assim teríamos o *tail hedging* perfeito. Mas não é assim que funciona na vida real.

A estratégia ideal pertence ao mundo das ideias. Não haverá proteção perfeita, ótima, intransponível. Estamos no mundo real, em que precisamos lutar com as armas disponíveis. Se você não encontrar liquidez nas opções de venda sobre todas as ações de sua carteira e/ou nos prazos desejados, sugiro abaixo uma solução pragmática.

Entre as possibilidades efetivamente disponíveis do ponto de vista prático, está a compra de *puts* fora do dinheiro sobre BOVA11, ETF de Ibovespa, ou seja, cota de um fundo de índice negociado em Bolsa, que replica a carteira teórica do Ibovespa. É como se você comprasse o direito de vender o principal índice de ações da Bolsa a um preço muito inferior às cotações atuais (essa não é a definição técnica precisa, mas ela transmite o sentido ontológico da operação).

Então, quando a Bolsa como um todo cai, suas *puts* sobre BOVA11 sobem destacadamente. É um seguro clássico contra o risco sistêmico, com capacidade de resposta não linear à deterioração das condições do mercado de ações brasileiro.

Há uma correlação positiva entre sua carteira de ações e o comportamento da Bolsa como um todo – exceção feita àquelas carteiras de empresas anticíclicas, como as exportadoras, por exemplo. É por isso que podemos usar as *puts* de BOVA11 para a sua carteira de ações particular.

Por que isso pode lhe ser interessante? Primeiramente, pela natureza fundamental da coisa. Estamos comprando um seguro direto contra a deterioração das condições gerais de mercado, sem precisar antever catalisadores negativos idiossincráticos para essa ou aquela ação. Note que é justamente isso que buscamos: proteção contra qualquer evento negativo, seja ele qual for (e nunca saberemos exatamente qual será).

Além disso, essa é uma opção de venda que tende a ter mais liquidez frente às demais. O ETF em si já é bastante líquido. Há outro fator, de cunho técnico, que garante essa característica. Como temos uma enorme liquidez nos contratos futuros de Ibovespa e também em opções sobre os mesmos, o mercado fica sempre operando eventuais oportunidades de arbitragem, corrigindo potencial descasamento de preços entre BOVA11, Ibovespa Futuro e suas opções. Essa movimentação perene e instantânea garante liquidez para as *puts* de BOVA11 e um preço mais razoável, sem grande distorção para nosso cliente, que pode comprar esses derivativos por valores aceitáveis.

Em terceiro lugar, a tendência é que haja uma correlação positiva entre seu portfólio pessoal de ações e o Ibovespa (BOVA11). Então, mesmo que imperfeitamente, as *puts* de BOVA11 podem servir de proteção para uma carteira de ações qualquer (a não ser, claro, que você monte uma carteira de ações exportadoras).

Mostro a seguir o passo a passo para o *tail hedging*, com *delta hedging*, dentro das possibilidades práticas:

Como aplicar o *tail hedging*

1. Monte uma carteira de ações, caso ainda não tenha.
2. Calcule o quanto varia sua carteira de ações a partir de uma variação de 1% do Ibovespa. Isso vai lhe permitir estimar aproximadamente quanto varia o preço das *puts* de BOVA11 a partir da variação da sua carteira, que, por sua vez, tem correlação com o BOVA11 (estamos aqui calculando uma *proxy* do *delta*, a partir de uma variação cruzada – originalmente, teríamos a variação da *put* em relação ao ativo subjacente, mas como não temos *puts* para nossa carteira, especificamente, fazemos a aproximação com o BOVA11).

   Exemplo: Imagine que sua carteira de ações se valorize 1,5% para cada 1% que o Ibovespa suba (da mesma forma, cai 1,5% para cada dia que o Ibov caia 1%). Então o beta é ß = 1,5 / 1 = 1,5.
3. A partir de 2, você pode definir qual quantidade de *puts* de BOVA11 deve comprar para neutralizar os efeitos sobre seu portfólio consolidado da variação do preço das ações de sua carteira.

6 CAMINHOS PARA O SEU DINHEIRO RENDER MUITO MAIS

Exemplo: Havíamos chegado em ß = 1,5. Então você multiplica o montante total que tem investido em ações por ß = 1,5. Imagine que você possui 60 mil reais investidos. Multiplicado por ß = 1,5, chegamos a 90 mil reais. Agora você comprará uma quantidade Y de *puts* de BOVA11 cujos *strikes* multiplicados por Y resultam em 90 mil reais. Suponha que as *puts* escolhidas sejam BOVAS55, cujo *strike* é 55 reais. Então, 90 mil reais/ 55 reais = 1600 opções (já arredondando para o lote padrão de 100 opções, o número exato é 1636). Ou seja, comprando 1600 BOVAS55, montamos uma espécie de *hedge* (proteção) para a queda das ações da sua carteira.

4. Idealmente, você deve procurar *puts* sobre BOVA11 com vencimento quatro meses à frente, com preços de exercício pelo menos 20% inferiores às cotações atuais; caso não encontre, vá atrás daqueles com vencimento em dois meses, com preços de exercício pelo menos 15% fora do dinheiro.

5. Compre as *puts* na quantidade definida pelo passo 3 e com as características sugeridas pelo passo 4; assim você chega à estratégia de proteger sua carteira de ações com opções usando o *delta hedging* no momento inicial.

6. Continue monitorando as variações e vá recalibrando seu posicionamento para manter o *delta hedging*.

A FORMA MENOS TÉCNICA E MAIS HEURÍSTICA

Se você não quer ser tão rigoroso ou técnico, por questão de gosto ou falta de tempo, pode recorrer a uma heurística bastante simples, uma regra de bolso que vai guiá-lo em sua estratégia de investimentos. Da forma mais trivial possível: compre uma carteira de ações caso ainda não o tenha feito.

Destine entre 1% a 3% (a depender do quanto você quer estar segurado e topa perder dinheiro com seguros) de seu dinheiro alocado em ações para comprar *puts* de BOVA11 com preço de exercício cerca de 20% abaixo das cotações atuais. O ideal é que seu vencimento seja em quatro meses; se não der, fique com dois meses. Monitore e recalibre esse posicionamento de tempos em tempos.

Independentemente de optar pelo passo a passo formal ou pela heurística, há algo fundamental nessa estratégia: ao comprar as *puts* fora do dinheiro, o investidor deve estar ciente de que está apenas e tão somente comprando seguros. Para isso, ele deve necessariamente ter algum ativo a ser segurado. É exatamente o mesmo racional do seguro do carro: você não vai batê-lo só para acionar o seguro. Ao contrário, ao contratar a seguradora, você torce para gastar aquele dinheiro e continuar com seu carro intacto. É com esse espírito que se deve comprar as *puts*. E para isso você deve destinar um dinheiro que topa perder. Quanto mais segurado você quiser estar, mais prêmio com seguro gastará.

ALGUNS SEGUROS PARA SE TER EM QUALQUER MOMENTO

Ouro: Essa não é uma recomendação muito comum, principalmente entre analistas brasileiros. Mas se você procura alguma proteção a uma eventual crise global, você precisa ter um pequeno (necessariamente abaixo de 5% do seu portfólio) percentual de sua carteira em ouro. Dada a liquidez global sem precedentes – com bancos centrais levando seus balanços ao limite com a impressão de moeda –, é natural esperar ganho em ativos reais, capazes de preservar valor e que, historicamente, sempre serviram como meio de troca.

Quando os Bancos Centrais (BCs) zeram suas taxas de juro (ou até mesmo um pouco mais do que isso, colocando-as no negativo) e injetam dezenas de trilhões de dólares, euros e ienes no sistema, eles basicamente mandam um recado tácito aos agentes econômicos: endividem-se – pois praticamente não há custo disso num mundo de juro zero – e apliquem o dinheiro em coisas mais arriscadas, capazes de render alguma coisa.

Num cenário assim, de muito dinheiro barato por muito tempo, o risco de alguém fazer besteira é grande. Bolhas especulativas nascem em panoramas semelhantes e, embora não seja nosso cenário-base, não há razão para descartar um eventual ajuste de contas de toda essa farra de liquidez. Com a moeda fiduciária sendo impressa para além dos níveis da razoabilidade, com os títulos de renda fixa sem render juros significativos nas economias desenvolvidas e as principais bolsas pagando pouco diante de *valuations* em recorde histórico, ativos reais merecem ao menos algum espaço no seu portfólio.

Prata e platina também são metais preciosos típicos e podem ser facilmente comprados nos mercados internacionais, via fundos ou mercados futuros, e se comportam como seguro da mesma forma que o ouro.

Dólar: Qualquer portfólio voltado à construção de patrimônio em longo prazo deve preservar algum espaço para moeda forte. O real é uma divisa curiosa, de beta muito alto. Isso significa que ela paga muito bem quando as coisas vão bem. E muito mal quando as coisas vão mal. O problema disso é que você vai precisar de dinheiro justamente quando as coisas vão mal. Nesse caso, o real não vai trazer uma boa surpresa. O investidor entende a necessidade de diversificar entre renda fixa, ações, imóveis. Mas ainda encontra alguma resistência em absorver e replicar a ideia para moedas.

Cumpre dizer ainda que seu portfólio de investimentos de mínimo risco é aquele que representa o *hedge* perfeito de seu padrão de consumo. Ou seja, se 15% dos seus gastos estão em moeda estrangeira, direta ou indiretamente, seu portfólio de

FELIPE MIRANDA

mínimo risco deveria ter 15% dessa divisa. A diversificação entre moedas permite redução importante do risco do portfólio e um *hedge* relevante.

Terras: São seguros tradicionais e têm um papel cada vez mais importante com a demanda crescente por alimento no mundo. Ou seja, terras destinadas à produção de proteína animal e de *commodities* agrícolas são sempre um porto seguro.

Puts: As opções de venda, principalmente aquelas fora do dinheiro, oferecem exatamente aquilo que pretendemos: convexidade e proteção não linear às explosões. Elas devem ser compradas principalmente nos períodos de baixa volatilidade, quando estão mais baratas.

CAMINHO 5

COMO MONTAR UMA CARTEIRA VENCEDORA

Proponho neste capítulo um guia para a construção de uma cesta de aplicações financeiras. Trata-se de uma série de ideias, a diretriz geral para uma construção sólida e de baixo risco, com a explicação do ponto de vista da filosofia do investimento e do racional para cada escolha, sem explicitar exatamente ativo por ativo a ser comprado.

Meu maior compromisso é sempre não deixar o leitor perder dinheiro. Portanto, a minha recomendação é para um portfólio conservador. O risco de perder dinheiro em longo prazo é razoavelmente baixo. Entretanto, quando aplicado apropriadamente, conserva grande potencial de valorização.

Dos 100% do capital, uma boa alocação seria algo como:

5% a 7% em seguros financeiros clássicos, como ouro, dólar, fazendas e posições compradas em opções de venda sobre ações: a literatura canônica, em grande parte desenvolvida nos Estados Unidos, apontaria armas na relação, mas eu, como pacifista, evito a sugestão;

- **58% a 70% em renda fixa, para aproveitar a excrescência que é o juro (real ou nominal) no Brasil:** pode parecer um percentual elevado, mas o histórico sugere que o prêmio de risco do mercado brasileiro é negativo; em outras palavras, é bem difícil bater o CDI no longo prazo, e eu, um sujeito de *equities*, falo isso com dor no coração;

FELIPE MIRANDA

- **5% a 10% de fundos imobiliários**: essa seria uma alocação estrutural, embora, no momento, estaria mais afeito ao percentual mínimo, pois o fluxo de notícias para o setor parece muito ruim. Elementos conjunturais à parte, fundos de investimento imobiliário são instrumentos negligenciados pela pessoa física no Brasil. Há vantagens tributárias interessantes, desconto em relação ao valor patrimonial e *yields* da ordem de 10%;
- **20% a 25% em ações**, e, desse percentual, cerca de 80% a 90% devem estar em ações de altíssima qualidade, sólido histórico de crescimento dos lucros por ação, alta barreira à entrada, bom *management* etc. Resumidamente, aquilo que se convencionou chamar de investimento em *quality*. O percentual restante pode ser ocupado por ações de altíssimo risco, contanto que estejam devidamente diversificadas. Você vai espalhar esses investimentos pelo maior número possível de ações de alto risco, para se aproveitar da característica antifrágil das ações (elas podem subir até o infinito; mas podem cair 100% - tudo que você deve fazer aqui é maximizar sua chance de pegar uma dessas supervalorizações; portanto, aumente o quanto puder o número de ações arriscadas em sua carteira, limitando-as a 10% do total de sua carteira, mesmo se for um sujeito muito agressivo).

Note que há uma clara separação entre os ativos. De um lado, ativos muito seguros, que estarão resguardados até num ambiente bastante ruim. Alguns deles - dólar, ouro, opções de venda - tendem a se valorizar fortemente no caso de uma catástrofe, protegendo-o de uma falência completa. De outro, há ativos de muito risco, com a contrapartida óbvia de elevado potencial de retorno. Essa dicotomia resume a *barbell strategy*, proposta por Nassim Taleb e apresentada de forma esmiuçada nas próximas linhas.

BARBELL STRATEGY: UMA ESTRATÉGIA BIPOLAR

Se você quiser ter uma carteira de baixo risco, não há atalhos. O único caminho possível é manter a maior parte do seu portfólio em ativos seguros. Simples e óbvio assim.

Não há, conforme propõe a abordagem da Fronteira Eficiente, como comprar um monte de ativos de risco médio e acreditar que, em razão da covariância entre eles, chegaremos a um risco final baixo. Ativos de risco médio somados chegarão a um portfólio de risco médio, pois as covariâncias são muito instáveis. Ativos que caminham em direções opostas podem, subitamente, passar a andar juntos.

Mais do que isso, um risco médio pode rapidamente se transformar num risco alto em meio à crise. Assim, como para qualquer outra variável financeira, o futuro das variâncias e das covariâncias também é incerto.

Portanto, só existe um caminho confiável para não incorrer em um nível de risco excessivo – aqui entendido não como a volatilidade de seu portfólio, mas como possibilidade de destruição permanente do capital. E esse caminho passa a concentrar a maior parte de seus investimentos em aplicações verdadeiramente seguras, aquelas que não sugerem probabilidade significativa de perda de patrimônio a longo prazo.

Isso não implica abrir mão de parte do potencial de valorização. Basta reservar uma pequena quantia de sua carteira para ativos com muito risco, com a contrapartida, claro, de um enorme potencial de valorização.

Para investimentos em que você pode perder até 100% do capital investido é fundamental ter uma posição pequena, estar ciente da possibilidade de perda e não se chatear tanto caso ela se materialize. Como contrapartida, há a possibilidade de multiplicação por 2, 3, 10, quem sabe até por 20 vezes.

Na parte mais arriscada do portfólio é imperativo que se respeite a característica da chamada antifragilidade ou convexidade. Ou seja, de que seu espaço para perda (nunca superior a 100% do capital investido) seja inferior ao escopo de possibilidades para alta (preferencialmente, infinita).

Então, chegamos àquilo que Nassim Taleb chama de *barbell strategy*, uma estratégia em dois polos evidentes. Basicamente, a abordagem implica dividir seus investimentos em dois grandes blocos: colocamos muito dinheiro em pouco risco e pouco dinheiro em muito risco. De um lado, a maior parte do seu patrimônio deverá ser alocada em ativos ultrasseguros. A definição exata de qual o percentual atribuído a esse nicho depende, obviamente, da preferência individual do investidor. Quanto ele toleraria perder no cenário mais extremo possível? 10%, 20%, 30% do capital? Esse nível de tolerância influenciará diretamente a determinação do tamanho dessa posição. Recomendo que ao menos 70% do patrimônio esteja em ativos altamente seguros. Esse percentual, no entanto, pode ser bem maior, a depender da disposição individual para o risco.

No outro extremo, aposte em papéis bastante arriscados, com possibilidade de multiplicação. Isso, necessariamente, sob a maior diversificação possível. Quanto maior a dispersão dos ativos, maior a chance de você capturar uma supermultiplicação. Isso também incrementaria a probabilidade de uma grande perda. Mas, por construção, sua grande perda estará limitada a

100% do capital, enquanto seus lucros podem ser infinitos. Assim, um único grande acerto compensará várias perdas.

Idealmente, essa pequena alocação em ativos muito arriscados obedece ao que Nassim Taleb chama de proposta 1/N, com N tendendo ao infinito. Ou seja, dividimos equitativamente o montante a ser alocado em ativos de risco pelo maior número possível de alternativas, a partir de muita diversificação. Necessariamente, esses ativos de muito risco devem obedecer à chamada convexidade, em que o espaço para subir é maior do que aquele de cair – pense nas ações, por exemplo, em que você pode perder no máximo 100% do capital investido, mas pode ganhar 200%, 300%, 1.000%.

Assim, por uma questão aritmética, a diversificação na parte dos ativos de risco surge como um imperativo. Quando N é grande você aumenta o número de ativos em carteira, incrementa sua chance de pegar uma grande multiplicação. Basta um grande acerto para compensar vários pequenos erros – uma única alta de 1.000% é suficiente para sobrepor nove perdas de 100%.

A diversificação é o mecanismo para se capturar ou, mais precisamente, para maximizar as chances de capturar o componente de antifragilidade (perder pouco no cenário ruim e ganhar muito no cenário bom) dos investimentos de alto risco. A afirmação é facilmente entendida quando recorremos aos fundos *venture capital*, aqueles que investem em *startups*, empresas de alto risco, novas iniciativas em tecnologia, negócios ainda não maduros.

Para esses gestores, não faz sentido ter um único investimento. O risco é altíssimo e, provavelmente, vai dar errado. Entretanto, se você amplia o número de apostas, ao máximo que conseguir, aumenta sua chance de ter um grande acerto. Se uma das *startups* virar uma empresa de sucesso, terá compensado todos seus outros fracassos. Erre pequeno. Acerte grande.

A lógica vale para os fundos de *private equity* e é rigorosamente a mesma para estratégias de ações. Curiosamente, porém, ainda há resistência a estendê-lo para o caso da Bolsa, pois algumas pessoas sempre se acham mais capazes do que outras para escolher ações. Assim, enquanto o senso comum reconhece a necessidade de diversificação de investimentos por *private equities* ou *venture capitalists*, ainda resiste a fazê-lo para ações. Isso exigiria uma humildade que, normalmente, os investidores de renda variável não dispõem. Eles ainda se julgam detentores de uma habilidade especial, de superar um mercado muito eficiente em termos de informação.

POR ONDE COMEÇAR?

Se você fosse construir uma casa, não a prepararia para a temperatura média. Não é porque aquele dia em particular não está chovendo que sua moradia será projetada sem telhado. Analogamente, um barco deve ser feito para conseguir atravessar a maior tormenta possível, e não apenas as condições do mar naquele momento. Espere o melhor, prepare-se para o pior.

Nas palavras de Nassim Taleb, como eu já mencionei anteriormente neste livro, *start looking from the tail* – comece a olhar as coisas pela cauda da distribuição, ou seja, por aqueles eventos considerados improváveis. Se você acha que as coisas podem ficar um tanto piores, saiba que elas, ao longo dos tempos, ficarão ainda piores do que sua imaginação pode contemplar. Ficarão melhores também. O próximo movimento dos ativos financeiros será sempre maior do que vislumbramos inicialmente, para cima ou para baixo. Mas você não deve se preocupar, de cara, com o cenário positivo.

Começamos a caminhada imaginando que as coisas darão errado. Não somente achando que o cenário adverso visto no passado possa voltar no futuro. Temos de ir além e supor que um novo mínimo histórico pode acontecer lá na frente.

Recupero aquilo que ficou conhecido como *Lucretius Problem* (Problema de Lucrécio). O poeta e filósofo latino introduziu a noção de que as pessoas – ou, ao menos, as mais desavisadas – tendem a acreditar que a montanha mais alta do mundo é a montanha mais alta que já viram. Se aquele determinado objeto, nas mais variadas instâncias, é o mais extremo que já observamos, concluímos, equivocadamente, que não há nada além dessa extremidade.

E isso ocorre há milênios. Não se trata de uma particularidade moderna. No Egito, marcava-se o nível mais alto já atingido pelo Nilo para se projetar qual poderia ser o pior cenário possível à frente.

A mesma dinâmica foi observada na construção da Usina de Fukushima, no Japão. Ela fora construída baseada na hipótese de que o maior maremoto possível seria equivalente ao maior maremoto da história. Como o transcorrer dos fatos pode provar, foi evidentemente uma premissa equivocada. Tivemos um fenômeno ambiental de intensidade sem precedentes, causando a tragédia.

A maior queda da Bolsa no futuro não será necessariamente limitada ao tamanho da desvalorização anterior. Até a última maior queda havia uma maior queda que era inferior. Por que iríamos supor que a próxima baixa respeitará o tamanho do recorde anterior? Os eventos raros não guardam relação entre si. Uma tragédia do passado não serve de *proxy* para o desastre futuro.

Portanto, um pouco de paranoia é saudável para a construção de patrimônio a longo prazo. Considere que as coisas podem ficar feias, porque elas realmente podem. A verdadeira racionalidade é evitar o risco de ruína. A sobrevivência deve estar acima de tudo.

Não importa quão lucrativa pode ser uma estratégia. Se, em contrapartida, ela lhe impõe o risco de ruína, aqui entendida como falência, simplesmente não merece sua atenção. Como já mencionei anteriormente, para ser bem-sucedido você primeiro precisa sobreviver.

Por isso, o barco de sua trajetória financeira deve ser feito para atravessar a maior das tormentas. Os seguros funcionarão como uma espécie de *kit* de sobrevivência no ápice da crise.

Lembre-se: você compra um seguro esperando não precisar usá-lo. Se tudo transcorrer conforme esperado, você vai perder o valor do prêmio do seguro. Tomara que seja assim! Pois, se as ações subirem, seus seguros vão valer zero, mas sua carteira de renda variável terá se valorizado notadamente.

"Para ter medo, é preciso ter coragem", resumiria o filósofo francês Michel de Montaigne. O que quero dizer com isso? Para conseguir proteger devidamente seu portfólio, você precisará abrir mão de um pouco de retorno. A compra de seguros, evidentemente, implica um dispêndio. Logo, você necessariamente abre mão de um pouco de *upside* ao fazê-lo. No entanto, há um nível de proteção tal que mais do que compensa esse espaço menor de valorização.

Ao comprar seguros de maneira recorrente, você provavelmente vai perder dinheiro por boa parte do tempo. Ficará bravo comigo por "estarmos gastando dinheiro à toa". Na primeira grande crise, contudo, esses seguros salvarão a sua pele. Sua gratidão a eles será eterna.

"Deus me privou do sentimento do medo", afirmou certa vez o ex-presidente Juscelino Kubitschek, cuja tempestividade nos deixou um legado de inflação e dívida. JK não resistiria ao primeiro *bear market* (mercado em tendência de baixa).

O SEGUNDO PASSO

Posicionados em boas proteções e blindado contra eventuais catástrofes (sim, elas acontecem), podemos aprofundar um pouco mais na segunda etapa da montagem de um portfólio, ainda permanecendo dentro da parte associada ao baixo risco do portfólio.

Falo especificamente dos títulos de renda fixa, que podem ocupar algo como 58% a 70% da carteira. Como não gostaríamos de incorrer em surpresas desagradáveis, sugiro foco em títulos soberanos, sem risco de crédito. Aposte centavos para ganhar dólares. Nunca aposte dólares para ganhar centavos.

Note que estamos falando da parte sem muito risco da carteira. Tudo que você não precisa é incorrer numa surpresa aqui. A parte segura do portfólio tem, sobretudo, a função de preservação do capital, explicando, assim, a preferência pelos papéis soberanos.

O risco de um calote soberano explícito, dado o compromisso com o ajuste fiscal, parece controlado, o que permite essa grande alocação em títulos de renda fixa brasileiros. Note que a trajetória da dívida pública, por ora, sem as reformas, ainda é explosiva. Contudo, não parece o caso de um *default* direto. Há risco, sim, de um calote branco, dado pela via do aumento da inflação. Justamente por isso, recomenda-se uma alocação importante em títulos indexados à inflação (NTN-B).

Há algo especial no momento. Com taxas de juros zeradas no mundo ou até mesmo negativas, e uma liquidez brutal, fomentada pelas políticas de impressão de moeda pelos principais Bancos Centrais desde 2008, temos uma rentabilidade na renda fixa absolutamente sem precedentes quando comparada ao restante do globo.

É um privilégio podermos contar com aplicações de alta liquidez e sem risco de crédito com esse tipo de remuneração. Juros reais superiores a 5% ao ano não são encontrados, nem de perto, em nenhum outro país.

Essa distorção precisa ser aproveitada. Principalmente porque não deve durar muito tempo. Os níveis dos juros de hoje são uma mazela da nova matriz econômica, mais especificamente da herança perdulária da política fiscal e da inércia inflacionária.

Com o Banco Central sendo, a curto prazo, mais duro com a inflação e recuperando sua credibilidade, começamos a combater a inércia. Em paralelo, a enorme recessão impede repasses de preços de maneira recorrente.

Do ponto de vista fiscal, a PEC do Teto de Gastos marcou uma conquista relevante, ao introduzir a noção de que o orçamento público é limitado. Isso impõe, por definição, uma referência quantitativa para o crescimento do gasto, fazendo evoluir conforme a inflação. E traz a questão qualitativa para a mesa, pois teremos de discutir o que é prioritário, para que tudo caiba no orçamento.

6 CAMINHOS PARA O SEU DINHEIRO RENDER MUITO MAIS

Talvez ainda mais importante seja o fato de que a tal PEC endereça de maneira concomitante a reforma da Previdência, funcionando como fonte de pressão para sua aprovação. No momento em que você impõe um teto para o total da despesa primária do governo, precisa fazer com que a Previdência também seja reformada, para crescer em ritmo alinhado aos demais gastos. Caso contrário, ela vai se expandindo em velocidade superior e abocanhando uma fatia cada vez maior do orçamento. Simplesmente, inviabilizamos o orçamento público se não reformarmos a Previdência.

Eliminando a inércia inflacionária e dando uma trajetória sustentável para a dívida pública, sob uma recessão muito severa, não há qualquer razão para termos juros da magnitude que tínhamos de 2015 até pouco tempo, em torno dos 14%.

Além de oferecer uma segurança importante – aqui falamos da compra de títulos e seu carregamento até o vencimento, evitando risco de mercado e flutuação das taxas no meio do caminho –, a renda fixa brasileira goza de uma atratividade sem paralelos no mundo em termos de retorno.

Quem soube aproveitar a oportunidade da renda fixa em 2017 aplaudiu de pé os sucessivos cortes nos juros feitos pelo Banco Central. Até o momento em que estas linhas estavam sendo escritas, o BC havia feito 11 cortes sucessivos nas taxas de juros, fazendo-as despencar de 13%, no início de 2017, para 6,75%, em fevereiro de 2018.

Em se tratando de renda fixa, uma alocação simples, segura e lucrativa seria dividir esse *book* em três nichos: 1/3 em títulos pós-fixados (importantes para manter um colchão de liquidez), 1/3 em papéis indexados (protegem do risco de inflação e oferecem nível interessante de juro real) e 1/3 em prefixados (para pegar na veia o processo de queda da taxa Selic). Gosto, particularmente, dos títulos de prazo mais longo. O Banco Central deve ir devagar com o processo de queda da Selic, o que lhe permitirá ir mais longe. Cortar com parcimônia o juro cria as condições estruturais para reduzirmos a inflação adequadamente e conviver por muito tempo com juros mais baixos. "Vamos devagar porque estou com pressa", para usar as palavras de Henrique Meirelles.

A MANEIRA MAIS PRÁTICA (E SEM IMPOSTO) DE SE INVESTIR EM IMÓVEIS

Avançando na construção do portfólio, tendo comprado seguros e investido adequadamente na renda fixa, chegamos aos fundos imobiliários. Entendo que uma alocação entre 5% e 10% nesse segmento parece razoável.

Conceitualmente, acreditamos que poucos produtos financeiros sejam tão adequados para pessoas físicas quanto os fundos de investimento imobiliário (FIIs). Essa é uma classe de ativos que permite investir de forma diversificada no mercado imobiliário com uma baixa quantia e, ao mesmo tempo, dá o respaldo da gestão profissional. Além disso, cotas de FIIs são infinitamente mais líquidas do que imóveis físicos!

O mais interessante é sua isenção fiscal: comprar cotas de FIIs é como ser sócio de uma empresa que não paga impostos e, mensalmente, ainda receber dividendos igualmente isentos. Interessante, não? Nossa visão é de que é impensável montar um bom portfólio para pessoas físicas sem destinar uma parcela em FIIs.

Contudo, por mais interessante que sejam, os fundos imobiliários dependem muito do cenário macroeconômico e, claro, do mercado imobiliário.

Nos últimos anos, não é novidade para ninguém que a crise tem sido bem severa com os preços de imóveis e aluguéis. Todos os índices e indicadores apontam para quedas reais e, em alguns casos, até nominais de preços. A vacância em grandes cidades, como São Paulo e Rio de Janeiro, esteve bem acima de valores que consideramos saudáveis e a *performance* de muitos fundos está muito aquém do desejável.

Em 2016, o IFIX (índice de fundos imobiliários da Bovespa) teve uma forte alta. No meu entendimento, o mercado antecipou a queda dos juros e uma eventual recuperação do segmento imobiliário. Assim, de uma forma geral, o perfil de risco X retorno dos FIIs deixou de ser tão atraente como era em janeiro do mesmo ano.

Quando investimentos em outros ativos parecerem fazer mais sentido, a sugestão é de ficar com a alocação mínima tradicionalmente destinada a esse nicho.

POR FIM, AS AÇÕES

Finalmente, vamos detalhar um pouco melhor a alocação nas ações, que podem responder por algo entre 20% e 25% de seu portfólio. A proposta de atuação no segmento de renda variável que virá a seguir foca, essencialmente, a pessoa física e busca explorar o componente clássico de antifragilidade associado às ações.

Como já comentei nos capítulos anteriores, por causa da responsabilidade limitada do investidor (ele não responde com seu patrimônio pessoal), a perda máxima atrelada à compra de ações é de 100% do capital. Em contrapartida, seu ganho máximo é infinito. Essa, portanto, já seria uma razão suficiente para investir em ações. O espaço para perdas é muito menor do que aquele dos ganhos.

Como o investidor profissional, os fundos de investimento em ações, tradicionalmente atuam em renda variável? Com o chamado *value investing*, o instrumental analítico proposto originalmente por Benjamin Graham e posteriormente desenvolvido por Warren Buffett sobre o qual falamos no **Caminho 1**.

A ideia por trás da abordagem está na visão de ações como empresas. Ao executar a aquisição de um determinado *ticker* em seu *home broker*, você não está simplesmente comprando um símbolo que pisca em verde e vermelho, para cima e para baixo, em sua tela do computador.

Você está comprando o pedaço de uma empresa. Portanto, deve fazê-lo em ações de companhias que gostaria de, efetivamente, ser sócio. E, obviamente, ao preço justo. O tal preço justo seria definido pela comparação com o valor intrínseco da respectiva companhia. Se o valor intrínseco for superior ao preço em que as ações negociam em bolsa, sob uma devida margem de segurança, então aqueles papéis devem ser comprados, sob a confiança de que haverá convergência ao longo do tempo entre preço e valor.

Surge como corolário óbvio a questão: como determinar esse tal valor intrínseco? Se observarmos o preço em Bolsa, precisamos estimar esse valor, compará-lo com empresas do mesmo setor e, então, poderemos decidir sobre a compra do determinado ativo.

Há dois caminhos mais tradicionais para isso. O primeiro, ligado a uma abordagem relativa, em que você basicamente compara a respectiva empresa com outros nomes parecidos da indústria, concluindo, assim, se ela está barata ou cara comparativamente aos pares. É como se você observasse por qual preço os apartamentos no seu prédio foram vendidos para decidir por quanto colocará a sua residência à venda.

Uma outra forma, ainda dentro da análise relativa, consiste em comparar o valor de mercado da empresa com o valor de seus ativos, seu custo de reposição ou seu valor de liquidação. Refere-se à chamada abordagem intrínseca, em que se compara o valor de mercado da empresa com os fluxos de caixa que podem ser gerados por aquela companhia.

Formalmente, o valor intrínseco de uma empresa é dado pela soma de seus fluxos de caixa de hoje até o infinito trazidos a valor presente por uma taxa de desconto apropriada. É como se seu apartamento valesse a soma dos aluguéis de hoje até o infinito, a valores de hoje.

Essencialmente, há na abordagem de valor a percepção de assimetria de informação. O investidor, através de uma investigação minuciosa e usando seu círculo de competência, poderia saber melhor do que os demais participantes do mercado sobre o real valor daquela companhia. Então, percebendo um valor intrínseco superior às atuais cotações do mercado, ele poderia comprar a respectiva ação.

Por meio de uma carteira concentrada em títulos de alta convicção, focada em setores que exploram seu círculo de competência (aqueles em que você dispõe de alguma vantagem competitiva junto a outros investidores), o investidor teria uma carteira vencedora.

A evidência empírica sugere que funciona. O *value investing* tradicional fez vários investidores bem-sucedidos. Porém, para conseguir um diferencial em relação à média e obter aquilo que se convencionou chamar de "retornos anormais", o investidor precisa de uma dedicação brutal.

Se você é um investidor profissional com uma equipe qualificada de analistas, trabalha em tempo integral focado no estudo de oportunidades, possui uma boa rede de relacionamentos e atua dentro de seu círculo de competências, poderá ter sucesso nessa empreitada. Mas se é uma pessoa física com um outro trabalho, por mais inteligente que seja, a concorrência se mostra bem acirrada, simplesmente porque há um maior foco do outro lado.

Como muito bem resumiu o personagem de Jeremy Irons no filme *Margin Call*: "Eu realmente acredito que vocês sejam algumas das pessoas mais inteligentes que conheço. No entanto, estou certo também de que há muita gente inteligente por aí". Não nos iludamos. É muito difícil bater o mercado, principalmente se você não dispõe de uma equipe razoavelmente grande e dedicada *full time*.

Acredito que a pessoa física, mesmo sem auxílio de profissionais, pode se dar bem em Bolsa e obter retornos anormais a longo prazo. Para isso, no entanto, precisará de uma metodologia completamente diferente, em que se abstém da tentativa de se apropriar, sozinho, de distorções associadas à assimetria de informação. Você estará brigando com pessoas igualmente inteligentes, equipes grandes e bem relacionadas, com um instrumental tecnológico muitas vezes superior.

A saída é procurar por heurísticas: regras de bolso que permitam acionar atalhos e, simultaneamente, montar

6 CAMINHOS PARA O SEU DINHEIRO RENDER MUITO MAIS

estratégias sólidas e vencedoras, sem exigir uma dedicação 24x7 e um custo muito grande para obtenção de informações.

Por isso, minha proposta, também dentro do *book* de ações, é retomar a ideia da *barbell strategy*, ou seja, de separar em dois grandes blocos. O primeiro, de menor risco, contemplando cerca de 80% a 90% do nicho de ações. E, o outro, com ações muito mais arriscadas, perfazendo o restante desse *book*.

O primeiro bloco deve ser ocupado em sua integralidade por ações de empresas boas, sem grande risco. Falta, evidentemente, definir o que representa uma empresa boa. Uma heurística fácil para isso é apropriar-se da ideia fundamental por trás do chamado *Lindy effect*. O termo apareceu pela primeira vez em 1964 em um artigo de Albert Goldman, chamado *"Lindy law"*. Basicamente, trata-se de uma teoria de expectativa de vida cuja proposta é que cada dia adicional vivido implica uma expectativa de vida remanescente maior. Benoit Mandelbroit cunharia precisamente o termo *Lindy effect* em 1984, no livro *The Fractal Geometry of Nature*, ao demonstrar matematicamente que a expectativa de vida futura é proporcional ao passado.

De maneira bastante simples e intuitiva, a probabilidade de uma pessoa viver até 80 anos é X. Mas, se ela já tiver vivido até 75, essa probabilidade será bem maior. Essa é uma heurística muito interessante, podendo ser replicada para domínios além da expectativa de vida.

De forma mais direta e pragmática, se uma empresa sempre apresentou resultados interessantes, assuma que ela continuará assim no futuro. Foco total em qualidade, que pode ser traduzido por um *management* de qualidade, crescimento do patrimônio líquido ao longo do tempo, altas barreiras à entrada, marca reconhecida, bom canal de distribuição, margens razoáveis, retorno sobre patrimônio líquido acima do custo médio ponderado do capital, alto retorno sobre capital investido e, acima de tudo, que possa entregar lucro, lucro e lucro em qualquer cenário.

Há alguns exemplos tradicionais desse espectro na Bolsa brasileira: Itaú (ITUB4), Bradesco (BBDC4), Lojas Renner (LREN3), Raia Drogasil (RADL3), Localiza (RENT3), Hypermarcas (HYPE3), BM&FBovespa (BVMF3), Ultrapar (UGPA3), Kroton (KROT3), AmBev (ABEV3), entre outras. Uma carteira focada em qualidade dificilmente vai lhe oferecer grandes surpresas negativas.

Pode parecer uma estratégia excessivamente óbvia, mas ela é adotada inclusive por investidores profissionais altamente qualificados. O fundo Absoluto, do BTG, por exemplo, gerido pelo competente José Zitelmann, aparece em vários estudos de consistência como um dos melhores da indústria, em várias janelas temporais. O gestor segue basicamente essa ideia – e fala isso abertamente. O racional é que empresas que sempre surpreenderam positivamente devem continuar a fazê-lo.

Veja que o próprio Warren Buffett começou seus investimentos muito mais focado numa estratégia quantitativa, de comprar barato, sob influência pesada dos ensinamentos de Benjamin Graham. Aos poucos, porém, em grande medida exposto às conversas com seu sócio Charlie Munger, foi se aproximando mais das ideias de Philip Fisher, tradicional investidor associado ao *growth investing* (foco no crescimento) e um dos defensores do foco em qualidade.

Então, chegamos à parte mais arriscada do *book* de ações, aquele que deve ocupar a menor parcela de seu portfólio. Aqui, a abordagem deve ser completamente distinta. Esqueça o *value* ou o *growth investing*. Tenha duas coisas em mente – apenas elas: procure as coisas mais arriscadas possíveis e diversifique o máximo que conseguir. Quanto mais diversificado, melhor. Recupero aqui o 1/N de Taleb, que eu denomino de "As vantagens do otimismo em Bolsa", numa espécie de brincadeira em resposta ao supersucesso do Roger Scruton, com o livro *As vantagens do pessimismo*.

A ideia aqui é basicamente explorar o componente antifrágil das ações. Se você pode multiplicar seus investimentos por um fator infinito, mas só pode perder 100% do capital ao comprar as ações, você deve explorar essa assimetria. Use essa discrepância convidativa entre perdas e ganhos da renda variável a seu favor. E não se esqueça de carregar sempre algo como 5% a 7% do seu portfólio, ao menos, em moeda forte, ouro e algumas *puts*.

CAMINHO 6

SUGESTÕES PARA UM PORTFÓLIO DE MENOR RISCO

Você tem sede de quê? Eu penso nessa pergunta a cada texto que escrevo. Além de comida, diversão, arte e dicas pontuais para investir, talvez uma estratégia para gerir seu dinheiro, de forma agregada, seja uma demanda frequente dos investidores. Se não tivermos uma forma de lidar com o consolidado dos investimentos, pouco adiantará uma ou outra recomendação específica. Ganhamos 20% numa ação em que alocamos 2% de nosso capital. Será que valeu o esforço? E se estivermos perdendo no resto?

O investidor não quer ganhar com este ou aquele título, com esta ou aquela ação. Ele precisa de uma boa alocação, de uma abordagem holística para seu patrimônio. Pequenas perdas aqui podem ser compensadas por grandes ganhos acolá. Importa-nos o crescimento consistente do placar consolidado.

O INVESTIMENTO COMO FORMA DE PROTEGER O CONSUMO

Quando falamos em proteger o consumo pensamos imediatamente em um portfólio de mínimo risco, em que o investidor consegue fazer um *hedge* perfeito de seu padrão de consumo ao longo do tempo.

Por isso, platonicamente, sua carteira de investimentos deveria replicar com perfeição sua cesta de consumo. Exemplo simples para facilitar o entendimento: se o investidor tem 10% dos gastos em dólares (imagine que precisa pagar a faculdade do filho em Stanford), terá 10% de seus recursos financeiros aplicados na moeda norte-americana. Assim, se o dólar dispara, seus gastos com a faculdade do filho também disparam. A princípio, seu passivo aumenta bastante, gerando prejuízos. Contudo, como ele também tem uma exposição ativa em dólar e na mesma proporção de seus gastos, estará protegido em termos líquidos. O ônus de maiores gastos por conta do dólar mais caro é compensado pelo bônus da valorização de seu investimento em dólares.

Na teoria econômica, a satisfação ou a felicidade é medida pela chamada Função Utilidade. Em sua versão mais tradicional, a Utilidade depende do padrão de consumo do investidor. E este padrão de consumo precisa ser preservado ou suavizado ao longo do tempo. O objetivo do investimento, portanto, seria justamente garantir a permanência do acesso a essa cesta de consumo desejada. É isso que lhe daria satisfação e felicidade. Daí emerge a ideia do portfólio de mínimo risco.

Há bons *insights* a partir da concepção do portfólio de mínimo risco. A obstinação pela proteção do padrão de consumo ajuda a explicar, por exemplo, a preferência dos investidores pelas NTN-Bs, os títulos indexados, que pagam uma taxa de juro mais a variação do IPCA (inflação oficial). Se a inflação subitamente galopar, teremos ferido nosso poder de consumo. No entanto, caso tenhamos posição ativa nas NTN-Bs, chegaremos a uma rentabilidade nominal bem maior, que nos permitirá fazer um *hedge* sobre a disparada dos preços.

Por trás do raciocínio está a noção da existência do prêmio de risco de inflação. Para abandonar os títulos indexados (aqueles que nos protegem das variações de preços), os investidores demandam um prêmio adicional, um retorno excedente. E os títulos prefixados oferecem, na média, um retorno superior ao dos indexados. Isso acontece de forma generalizada no mundo, mas é um pouco mais intenso no Brasil por causa do histórico e da inércia inflacionária. Assim, na média, o investidor que sistematicamente aplica em LTNs (Tesouro Prefixado) apura retornos um pouco superiores àqueles obtidos pelo comprador de NTN-Bs (Tesouro IPCA+).

Este retorno adicional das LTNs sobre as NTN-Bs é justamente o prêmio de risco de inflação – o quanto o investidor exige de retorno adicional para sair de um título que lhe dá a certeza (assumindo que não se roube na medição do IPCA) para migrar em direção a outro. Reitero: não quer dizer que será sempre assim. Esse é o comportamento médio, repetido várias vezes, por muito tempo.

A compreensão adequada da noção de portfólio de mínimo risco nos permite uma outra inferência para gestão de recursos, talvez ainda mais interessante. Retome o exemplo do investidor que tem 10% de seus gastos denominados em dólares. Idealmente, ele teria também 10% de seus investimentos na moeda norte-americana. A decisão de ter ou não mais dólares depende menos do seu prognóstico para a taxa de câmbio (se o dólar vai subir ou cair frente ao real), e mais do quanto ele já tem investido em moeda forte.

Se ele tem apenas 8% da carteira em dólares, vai querer ter mais, aproximando-se dos desejados 10%. Analogamente, se tem 12%, precisará ter menos. Olhamos o portfólio como um todo e as alocações obedecem aos percentuais conforme haja sub ou superalocação.

Essa abordagem oferece um paralelo interessante com o cotidiano dos investimentos. Comprar dólar ou bolsa depende da composição do seu portfólio e da construção de patrimônio a longo prazo. Portanto, não há uma resposta única sobre como alocar os recursos, mas se você não tem nada investido em moeda forte, certamente precisa diversificar e ter um pouco de dólares. Já se possui uma ampla exposição na moeda norte-americana, somente um preço muito atraente o fará comprar mais dólares, porque sua meta, na verdade, consiste em acumular mais reais na sua carteira. O mesmo raciocínio vale para Bolsa.

VOCÊ NÃO GOSTA DE RISCO, MAS GOSTA DE RETORNO

O instrumental associado ao portfólio de mínimo risco é interessante e útil. Porém, é incompleto. O investidor, de fato, não gosta de risco e tenta minimizá-lo. Mas isso não é tudo. O risco não é sua única variável de interesse, como se fosse um indivíduo univocamente orientado por este critério.

O investidor não quer risco, mas quer retorno. Há duas (ao menos duas; logo veremos que existem outras) variáveis de interesse. Ele quer maximizar o rendimento de suas aplicações enquanto minimiza o risco de seu portfólio. O problema é que, muitas vezes, essas coisas podem estar em conflito.

Em várias situações, perseguir um retorno potencial maior implicará incorrer em um pouco mais de risco. Então, a boa gestão dos investimentos exige não somente caminhar em direção ao portfólio de mínimo risco. Ela requer uma ponderação entre

6 CAMINHOS PARA O SEU DINHEIRO RENDER MUITO MAIS

o risco (aquilo de que o investidor não gosta e, portanto, deve ser minimizado) e o retorno (aquilo de que o investidor gosta e, logo, deve ser maximizado).

Se pudéssemos, minimizaríamos risco e maximizaríamos o retorno. Porém, os maiores rendimentos costumam estar associados à assunção de estratégias mais arriscadas. Como não podemos ter as duas coisas ao mesmo tempo, escolhemos um determinado nível de risco que estamos dispostos a correr e, para esse patamar de risco, maximizamos o retorno esperado de nosso portfólio.

Formalmente, trata-se de um lagrangiano, em que maximizamos o retorno esperado do portfólio, supondo conhecidos os retornos esperados de cada ativo e seus níveis de risco (estimados a partir da variância de cada ativo), sujeitos à restrição de que o patamar de risco do portfólio como um todo deve ser equivalente ao nível pré-determinado. Parece sofisticado, mas é um exercício um tanto trivial de cálculo diferencial. Uma maximização de uma função com restrição, respeitadas as condições de primeira ordem. Outra forma de fazer o exercício é minimizar o risco do portfólio para um dado retorno esperado. Dá na mesma.

Isso vai nos dar o chamado portfólio eficiente. Aquele que maximiza o retorno para um determinado nível de risco ou, analogamente, minimiza o risco, para um dado nível de retorno. Conforme variamos o nível de risco dado *a priori* e recalculamos os novos portfólios eficientes, chegamos à chamada Fronteira Eficiente, a combinação de todas as carteiras de máximo retorno, para cada nível de risco.

Não há dúvida de que a noção de diversificação, mesmo que pequena, é importante. Qualquer construção saudável de patrimônio a longo prazo, sem assunção excessiva de riscos, passa necessariamente por algum grau de desconcentração. Uma combinação linear entre ações, renda fixa, imóveis e diferentes moedas tende a ser preferível a uma concentração muito grande em cada um dos nichos.

Isso não significa que não haja falhas no arcabouço. Aliás, ao contrário. Embora ofereça *insights* interessantes e nos obrigue a sempre manter algum grau de diversificação, faço questão de repetir que a construção rigorosa da Fronteira Eficiente é uma aberração metodológica. Não conhecemos adequadamente os retornos esperados de cada ativo – isso está associado à hipótese de expectativas racionais, de que não cometemos erros sistemáticos em nossas projeções, o que é obviamente falso a se considerar a evidência empírica disponível.

Risco e volatilidade não são as mesmas coisas. Lembre-se da famosa metáfora do peru de Natal que citamos no **Caminho 2**. As empresas elétricas eram o grande porto seguro da Bolsa dias antes da MP 579, de setembro de 2012, que reduziu o custo de energia para o consumidor e onerou todo o setor. Sanepar virara exemplo de previsibilidade e a queridinha dos analistas antes da decisão desastrosa da Agência Reguladora do Paraná autorizar a revisão tarifária da companhia.

E o investidor não é orientado apenas por risco e retorno. Precisamos abandonar o arcabouço estrito de média e variância. Estudos mais recentes do tema indicam como o retorno exigido para estar em Bolsa, por exemplo, guarda associação com outros momentos da distribuição, como a curtose e a assimetria, que já mencionei anteriormente. Entre eles, destaco *Rare Events and The Equity Premium*, de Robert Barro. Nele, o autor identifica como o medo de subitamente incorrer num prejuízo considerado raro faz com que o investidor exija retornos maiores para comprar ações. A presença de eventos raros na série (curtose, e não apenas média e variância) influencia na decisão de se estar naquele determinado ativo.

MAIS RETORNO COM MENOS RISCO

A estratégia de alocar um grande percentual da carteira em ativos ultrasseguros e uma pequena fatia em ativos hiperarriscados certamente permite uma construção saudável de patrimônio, capaz de capturar os efeitos positivos da convexidade (por causa da parcela alocada em ativos de risco) e, ao mesmo tempo, blindar-nos dos riscos muito danosos dos cisnes negros negativos em nosso portfólio consolidado. Essa é uma perspectiva que eu gostaria que fosse apropriada pelo leitor, sem tergiversar.

Mas será que não haveria uma forma de alocarmos um pouco mais em ativos arriscados, como forma de ter maior potencial de valorização para a carteira consolidada, sem, ao mesmo tempo, correr riscos excessivos?

Sim, haveria. Ela poderia ser sintetizada naquilo que Mark Spitznagel chamou de Paradoxo do maior retorno com menor risco, num claro desafio ao paradigma clássico de que um rendimento maior exige, necessariamente, mais risco.

Quero compartilhar que minha introdução à Mark Spitznagel foi bastante curiosa. Eu comecei a ler sobre ele após participar de uma conferência em 2015, organizada pela Stansberry Research, braço da Agora Inc. Confesso que ainda não o conhecia. Senti-me imediata e diretamente atraído por suas ideias. Do alto de minha ignorância, pensei: "Esse cara tem *insights* maravilhosos, alguns deles inclusive se parecem com os do Taleb". Só depois fui descobrir que os dois eram sócios. Minha visão anterior de proximidade intelectual era, na verdade, real compartilhamento de ideias e visão de mundo.

No mundo dos países desenvolvidos, onde os juros são muito baixos, uma exposição 60% em ações e 40% em renda fixa seria um tipo clássico de proposta para gestão de recursos. A prescrição canônica de combinar os dois nichos viria de uma interpretação de que essas coisas se compensariam em termos de riscos, com correlação tipicamente negativa entre seus retornos. Quando um sobe, o outro cai, movimentando-se normalmente em direções opostas e, portanto, reduzindo o risco total da carteira. Quando um vai mal, o outro vai bem, nunca entrando em colapso simultaneamente.

Essa é, obviamente, uma versão bem simplista da proposta de diversificação. Você pode expandir a divisão dual entre ações em renda fixa para muitas outras, incorporando também para crédito corporativo, imóveis, investimentos no exterior, investimentos em outros países emergentes. Ao final, o ponto é o mesmo e a apresentação mais simples não impõe nenhuma perda de generalidade.

Qual o problema disso? Muitas vezes, as correlações históricas são distorcidas. Um mero exemplo hipotético: os Bancos Centrais podem injetar enormes quantias (liquidez) no sistema, inflando todo e qualquer ativo, seja ele de renda fixa ou variável. Assim, títulos e ações andariam na mesma direção. Inicialmente, subiriam empurrados pelo excesso de liquidez. Diante de juros zerados ou negativos nas economias centrais e muita impressão de dinheiro, somos impelidos a tomar cada vez mais risco, em ativos de retorno imediato atrativo, num mundo de escassas oportunidades de investimento com *yield* razoável.

6 CAMINHOS PARA O SEU DINHEIRO RENDER MUITO MAIS

Tudo vai ficando caro, e cada vez mais caro... Até que, subitamente, a bolha estoura e ambas as classes de ativos viram pó. Você perdeu tudo. Ou quase tudo. Confiou numa correlação histórica que se quebrou. Porém, há uma forma melhor de alocar capital e lidar com esse suposto *trade off* entre risco e retorno.

Separaremos uma pequena fatia (1% a 5%) de nosso portfólio para comprar ativos que vão performar muito bem caso nossas posições de alto risco (ações, principalmente) tenham um desempenho ruim. Esses ativos, necessariamente, precisam responder mais intensa e positivamente à queda das ações, numa reação não linear, mais do que proporcional. Se as ações caem 1%, por exemplo, eles se apreciam mais de 1%. Assim, caso suas posições em Bolsa caiam, elas poderão compensar ou, quem sabe, até mais do que compensar, suas perdas na renda variável.

Se seu portfólio consolidado está protegido das perdas, por causa desses seguros que respondem a uma queda das posições de risco com forte alta, você pode ter uma exposição maior a ações e outros títulos bem arriscados.

No caso positivo para a Bolsa, sua grande posição em ações vai se valorizar (essa é a hipótese). Ao mesmo tempo, os seguros previamente comprados perderão valor, possivelmente indo a zero. Contudo, como se trata apenas de uma pequena quantia, as perdas nesse segmento de ativos não vão representar ferimentos agudos ao portfólio como um todo.

Como, nesta abordagem, você tem uma enorme alocação em ações, a alta da Bolsa necessariamente vai conduzir seu resultado consolidado a retornos positivos consistentes, mesmo com a perda total da sua pequena alocação em seguros.

Já no caso contrário, de apurar uma perda em sua posição em ações, por construção, seus seguros reagirão de forma

FELIPE MIRANDA

favorável e, desproporcionalmente, neutralizando ou, ao menos, amenizando as perdas em Bolsa.

Com um pequeno percentual do portfólio alocado em seguros, você pode se proteger dos cisnes negros, mesmo se possuir uma grande posição em ativos de risco, pois esses seguros vão se valorizar fortemente na eventualidade de uma catástrofe. Você usa a incerteza e o impacto profundo caracterizadores dos cisnes negros em seu favor nas posições com seguros.

Esse é um avanço em relação à *barbell strategy*, que necessariamente obriga o investidor a ter apenas uma pequena cifra alocada em ativos de risco e, portanto, mantém uma exposição restrita/pequena ao cenário positivo. Mesmo que você faça um grande acerto, estando diversificado dentro de uma fatia que responde por cerca de 10% do portfólio (lembre-se: esta é a prescrição pragmática dessa estratégia), vai ser difícil observar uma grande diferença em seu portfólio consolidado, pois o tamanho da posição é muito reduzido.

Já se mantiver uma posição grande em ações (protegida com alguns seguros), pode aproveitar as potenciais surpresas positivas com maior intensidade. Pela simples razão de que, agora, sua exposição a isso é maior, mesmo tendo gastado alguns poucos percentuais com a compra de seguros-catástrofe.

A forma de aplicar essa abordagem é por meio do *tail hedging,* que já abordei nos capítulos anteriores.

Por um lado, você tem uma carteira de ações que responde por um percentual elevado de seu portfólio. Por outro, carrega uma pequena parte de sua carteira em *puts* fora do dinheiro. Eis o paradoxo de Mark Spitznagel: com uma pequena quantia alocada em *puts*, você pode incrementar dramaticamente sua posição em ações, sem incorrer em riscos exagerados. Por meio dessa filosofia, aumenta o potencial de valorização de seu portfólio consolidado, em função da grande exposição a ativos de risco (tradicionalmente com maior *upside*). Ao mesmo tempo, tem a carteira protegida de surpresas negativas, por causa do seguro oferecido pelas *puts*.

Driblamos a lógica de que mais retorno exige necessariamente a assunção de mais risco. O mais engraçado é que nada disso será contemplado pelos modelos tradicionais de alocação de recursos, justamente porque as assimetrias, a convexidade e os cisnes negros não cabem facilmente em planilhas de Excel.

CONCLUSÃO

Meu objetivo com esse livro consiste em desafiar as finanças modernas e fazer com que você conteste alguns conceitos que você ouviu anteriormente, como o de que tudo o que tem maior risco tem maior retorno potencial. Se você caminhou comigo ao longo dessas páginas e entendeu as ideias nas quais me apoio para a construção de uma carteira de investimentos, conseguimos juntos desmontar toda a ortodoxia de Finanças. E concluímos essa leitura mais felizes: eu porque consegui passar minhas ideias de uma forma clara e convincente e você, leitor, porque conseguirá obter mais retorno com menor risco – e, no fundo, isso é o que todo mundo quer.

Para quem ainda não está tão convencido, pretendo mostrar aqui neste capítulo um resumo de tudo o que já abordei anteriormente, porém de uma outra forma, usando alguns personagens consagrados, a maior parte deles do filme *Star Wars*, que nos traz imagens muito fortes e representativas. Vamos falar sobre os arquétipos do sábio, do herói, do vilão e da vítima (que somos todos nós). E imagens são mais fortes e mais fáceis de memorizar do que equações.

A primeira imagem que trago é a do Mestre Yoda, representando o arquétipo do sábio. Suas orelhas grandes nos lembram que devemos ouvir mais do que falar, por isso ele está com a boca fechada e as orelhas e o peito abertos. O sábio é paciente e, usando essa virtude, ele pode ter uma primeira vantagem sobre o mercado.

Vou falar um pouco sobre o desconto hiperbólico, descoberto inicialmente na década de 60 e retomado pelo economista Richard Thaler, grande estudioso de finanças comportamentais. Ele fez um experimento clássico para demonstrar a impaciência do ser humano. Perguntou para várias pessoas se elas preferiam ganhar um *marshmallow* hoje ou dois *marshmallows* amanhã. A maioria optou por ganhar um único *marshmallow* hoje. Repetiu a pergunta para as mesmas pessoas, alterando o período: vocês preferem um *marshmallow* daqui a 365 dias ou dois *marshmallows* daqui 366 dias? Nesse caso, mais pessoas optaram por dois *marshmallows* em 366 dias.

Isso quer dizer que somos muito impacientes hoje na esperança de sermos pacientes no futuro. É o que explica uma série de comportamentos habituais, como "amanhã eu começo o regime", "amanhã eu começo a academia". Sempre depois, porque a gente nunca consegue fazer um sacrifício agora em troca do depois. As pessoas em geral são essencialmente impacientes com o curto prazo. Então o que vamos fazer é nos apropriar dessa enorme impaciência sobre as questões de curto prazo, que precifica erroneamente as ações. Cada vez que você optar pelo curto prazo, mais dinheiro você vai perder, porque sobre o curto prazo incide o desconto hiperbólico. Então essa é a primeira situação de arbitragem em que o Mestre Yoda, um grande sábio, pode nos ajudar: a sermos pacientes.

Depois do Mestre Yoda trago Luke Skywalker, o herói. Mas eu prefiro ser o sábio, porque o herói é afobado, morre cedo. O que o Luke está representando aqui é aquele ambiente sem a conexão com a base e, portanto, de incertezas. E ele vai ter que lutar contra o Darth Vader nesse ambiente de absoluta incerteza.

Quero reforçar que a incerteza nunca vai desaparecer do processo. A gente transita em Bolsa não com a certeza do que vai acontecer para frente, mas tentando viver num mundo que não entende. E aceitar que o mundo é ininteligível mesmo, e que não nos cabe entendê-lo, é um passo importante porque não se trata de um jogo de estar certo ou errado, mas de ganhar dinheiro.

Chegamos ao vilão da história. Ele é o contrário, a sombra. O vilão representa o lado negro da força, a ausência de luz, a incerteza, o desconhecido. Darth Vader representa na verdade o que o Daniel Kahneman, o maior expoente das finanças comportamentais da atualidade, chamou de WYSIATI – *what you see is all there is* – o que você vê é tudo o que existe. O mercado vê um conjunto de informações disponíveis e atribui preços a partir disso, acreditando que esses dados são tudo o que existe e ignorando por completo a informação não disponível.

Essa tendência psicológica está associada ao clássico problema da indução: como você só viu cisnes brancos, você conclui que só eles existem... até ver um cisne negro. Ou imagine um planeta em que só houvesse dias de sol. Depois de quantos dias de sol você poderia afirmar que vai ter sol no dia seguinte? O erro acontece justamente quando você faz a transição do particular (um dia de sol) para o geral (sempre é sol). Basta um dia de chuva para sua teoria ser derrubada.

FELIPE MIRANDA

Temos aqui a segunda oportunidade de arbitragem, que consiste em precificar o desconhecido.

A próxima imagem é a do cisne negro. Não exatamente o cisne negro do Taleb, mas o do filme, que é bem mais poético. Lembrando que o cisne negro é um evento de alto-impacto, imprevisível e considerado raro – mas que se torna óbvio depois de acontecer. A atriz Natalie Portman nos mostra exatamente como a razão é uma grande emoção ao desejo de controle. Queremos achar que o mundo cabe dentro de um esquadro e que conseguimos colocar dentro dele toda a informação disponível. O cisne negro é a cauda da distribuição. E a cauda sempre vai ser mais barata do que o meio, porque o meio, o consenso, é o que a gente consegue enxergar. O que vamos arbitrar é justamente essa diferença. Porque a informação indisponível vale muito mais do que a informação disponível.

Estamos sempre desafiando essa tese e buscando o máximo da informação disponível. Nesse sentido, o especulador (que age a partir de hipóteses futuras) está em vantagem sobre o investidor, que estaria comprando ativos por um preço menor do que valem. Porém, se os mercados são eficientes, os ativos já valem o que têm que valer. Então a capacidade de elucubrar, de especular sobre o futuro é o que mais vale para o investidor e não a capacidade de fazer contas, porque fazer contas todo mundo faz. As ideias valem muito mais do que as planilhas.

A ARTE DE GERIR ATIVOS

Entendo que o dinheiro só tem valor porque pode ser transformado em mercadorias e serviços para nos proporcionar bem-estar. Ninguém quer dinheiro pelo dinheiro, mas para poder consumir mais e melhor. Investindo, o dinheiro se multiplica para podermos consumir de uma forma suave e, se possível, crescente.

E assim surge a necessidade do portfólio de mínimo risco, para que seu padrão de consumo fique protegido. Essa seria a concepção original de gestão de ativos. Se você tem 10% do seu gasto atrelado ao dólar, por exemplo, precisa ter cerca de 10% do seu portfólio investido em dólar. Em outro exemplo, há um grande apelo pelas NTN-B's porque elas pagam juros acima da inflação e vão proteger o seu padrão de consumo ao longo do tempo.

Apesar de buscar o mínimo risco, o investidor quer também mais retorno. A partir da covariância entre os ativos, vai buscar ativos combinados de forma que quando um ganha, o outro perde, gerando a carteira eficiente de Markowitz. Essa ideia, entretanto, levou muita gente à falência porque primeiro é preciso descobrir o retorno esperado dos ativos, ou seja, conhecer parte do futuro. Mas como vivemos em um ambiente de incerteza, o resultado é obviamente falso.

Toda a economia está baseada nessa ideia de que você consegue descobrir o futuro. Mas verificamos que o futuro é invisível, é opaco. Se olhássemos as Torres Gêmeas antes de 11 de setembro de 2001, diríamos que elas ficariam para sempre lá. O passado é um mau previsor, é um mapa errado – e é melhor não ter mapa a ter um mapa errado.

O outro problema na teoria de Markowitz é medir o risco do portfólio pela variância dos ativos. Mas qual seria o risco do peru de Natal até o 23 de dezembro se fosse medido pela variância da saúde dele? Nenhum. Ele estava todo dia bem alimentado até virar o prato principal na ceia. A variância, definitivamente, não é um bom indicador para medir o risco. A covariância também pode ser um problema, por sua instabilidade. Na hora da crise todos os ativos de risco médio adotam a mesma direção e o investidor quebra.

Você precisa então alocar a maior parte de seu dinheiro em ativos de baixo risco, usando a *barbell strategy* de Taleb, onde o *barbell* é o halter que afasta seus investimentos do meio e o coloca nas duas pontas para que você alcance um retorno maior com pouquíssimo risco.

O percentual a destinar aos ativos de risco é uma decisão de foro íntimo e está relacionada a quanto cada um está disposto a perder. Os 5%, 10%, 25% ou 40% que você está disposto a arriscar devem ser investidos em ativos convexos e antifrágeis, como as ações. Com elas você pode perder 100% do que você investiu ou pode ganhar 1000%, uma assimetria muito convidativa. Para ter a chance de conseguir um ativo que lhe dê um ganho enorme você vai ter que espalhar seus investimentos pelo máximo de ações. Na estratégia 1/N de Taleb, divide-se o valor disponível pelo número maior possível de ativos com N tendendo ao infinito. E um grande acerto vai compensar mais do que os riscos.

Eu achava que a *barbell strategy* resolveria a alocação de recursos em ambiente de incertezas. Mas aí eu conheci o sócio do Taleb, o Mark Spitznagel, e ele vai além. Para mim os dois

 são como *Os Bons Companheiros*, inseparáveis. Spitznagel estudou uma forma de aumentar um pouco a exposição a risco, sem aumentar demais o risco da nossa carteira – o paradoxo do maior retorno com o menor risco. Para combinar os dois, a recomendação é que o investidor compre os seguros catástrofe.

Entre 1% e 3% do capital devem ser destinados a fazer um seguro para o caso de tudo sair diferente do planejado. Trata-se de um dinheiro que não será recuperado, como um seguro de automóvel, contratado para ser usado apenas em caso de acidentes. Tais seguros permitirão uma posição maior em Bolsa porque ninguém quer acreditar na catástrofe. O cisne negro negativo tem preço zero em Bolsa – é o chamado negócio muito fora do dinheiro, que você pode comprar bem baratinho e oferece uma convexidade absurda.

A informação indisponível tem pouco preço em Bolsa e é nisso que você precisa apostar, porque essa combinação de muita Bolsa com um pouco de seguros direciona para se ter muito retorno potencial e ainda assim estar protegido. E esse é, na minha opinião, um grande resumo do histórico de gestão de ativos.

Vou concluir este capítulo e este livro falando um pouco sobre o Brasil.

 Para isso, trago o ator húngaro Bela Lugosi, no filme *Drácula*, para lembrar o quanto o Brasil, em diversos momentos, pode ser comparado a um filme de terror. Andaram associando Lugosi ao presidente

Michel Temer, mas poderia ser qualquer outro político/personagem detonador desses momentos de dificuldades internas, em que ninguém quer saber de Bolsa, nem de Brasil. E é quando a gente consegue ganhar muito dinheiro.

O Brasil vive, historicamente, grandes ciclos de apreciação do capital, ligados a uma transformação ou ruptura política, como foi o *impeachment*. Agora o Brasil caminha para um ambiente com as taxas de juro substancialmente mais baixas e isso obviamente é um argumento para se expor em Bolsa.

Temos diversos problemas para encarar no país atualmente. O problema fiscal, por exemplo, é gravíssimo, de uma trajetória explosiva. Mas se aqui é difícil, imagina no resto do mundo. A fronteira do conhecimento hoje nos Estados Unidos debate a existência ou não do que eles chamam de *secular stagnation*, um conceito do economista Alvin Hansen na década de 30, depois da grande depressão. Achava-se que a economia americana nunca sairia daquele ciclo vicioso, de décadas e mais décadas de crescimento baixo. Em toda a história, ele foi debatido somente na década de 30 e foi superado só pela 2ª Guerra Mundial. Agora o Lawrence Summers trouxe essa discussão de novo.

A dificuldade atual dos Estados Unidos é não ter receita. O país já zerou o juro, já teve expansão fiscal e fica o debate sobre as mais variadas vertentes, sem saber exatamente como sair disso. Você tem as três possibilidades clássicas: baixar ainda mais o juro (deixando-o negativo), fazer mais *Quantitative Easing* – QE (política de harmonização financeira quantitativa) ou partir para a expansão fiscal. Os países já estão bastante endividados para se fazer mais dívida, então uma expansão fiscal pode ser um problema. Juros negativos por uma longa temporada pode não ser muito saudável. Por isso a discussão continua em curso por lá.

A Europa está sob risco de se desintegrar, além de incorrer no mesmo problema americano, que é de já ter zerado as taxas de juro e não ter tido nenhuma reação do PIB (Produto Interno Bruto). O Japão está há 30 anos em recessão. Então todos os países desenvolvidos vivem uma grande armadilha global de liquidez. E a China, que vinha puxando o mundo, passa pelo que a Christine Lagarde, diretora do FMI (Fundo Monetário Internacional), chamou de tripla transição (da indústria para os serviços, da exportação para o mercado doméstico, e do investimento para o consumo). Isso nunca aconteceu na história da humanidade, nessa proporção. Nenhum país conhece solução para seus problemas.

O Brasil é o único país que conhece o caminho da solução. A cartilha está dada, a gente só precisa copiar. Nesse momento, se formos um pouquinho miméticos, temos muito a ganhar e depois podemos profetizar um pouco. Na minha opinião, o Brasil está preparadíssimo para uma recuperação cíclica. Temos uma ociosidade tremenda tanto na indústria quanto no mercado de trabalho. Isso é algo muito importante porque foi justamente o que causou problema na matriz econômica do Guido Mantega e do Arno Augustin porque ficamos dando demanda agregada quando o problema era de oferta. Não conseguíamos mais expandir o PIB sem gerar inflação ou déficit em conta corrente, porque ficamos dando subsídios à demanda. O mercado de trabalho se encontrava com 5% de desemprego, ou seja, praticamente a pleno emprego e não evoluímos em ganho de produtividade.

Agora é diferente: temos mais de 13 milhões de desempregados e operamos a 70% da capacidade da indústria, então é possível estimular a demanda sem gerar inflação no curto prazo. Podemos cortar a taxa de juro, o ajuste externo já foi feito em velocidade muito superior à que todo mundo estimava e o mundo convive com taxas de juro negativas ou zeradas, com uma liquidez brutal, ou seja, no primeiro momento em que a gente sinalizar que a trajetória da dívida não é explosiva, com ambiguidades, o Brasil cresce. Do ponto de vista estritamente pragmático, no momento em que houver uma sinalização mais contundente de melhoria, virá uma montanha de dinheiro para cá, porque esse dinheiro não é remunerado nos demais países.

Então a mensagem é esta: eu não me surpreenderia se a economia brasileira crescesse nos próximos anos. Nenhum modelo vai capturar isso porque o futuro é impermeável.

Com uma recuperação cíclica da atividade, vamos ver lucros corporativos crescendo perto de 20% por dois anos, levando a Bolsa de um P/L11 para um P/L 7,5. Então, com taxas de juro muito baixas, a gente deveria caminhar para múltiplos mais altos. Com mais exposição em Bolsa vamos ter momentos de arrancar os cabelos e ranger os dentes, mas eu ainda acho que, com serenidade e paciência vamos ser recompensados lá na frente com um bom retorno.

MEUS DEZ LIVROS FAVORITOS SOBRE FINANÇAS

***A lógica do cisne negro* - Nassim Taleb**

O autor sinaliza como o caminhar da história se deve, em grande medida, aos eventos considerados raros, de alto impacto e imprevisíveis. Enfatiza os problemas ligados à questão da indução: como tiramos conclusões antecipadas sobre casos gerais a partir de situações particulares e como aceitamos teorias sem a evidência necessária para efetivamente considerá-las válidas.

***Iludidos pelo acaso* - Nassim Taleb**

Uma argumentação contra a ideia do materialismo histórico e a favor da importância da aleatoriedade na definição de todas as coisas. Mostra como os processos são muito mais randômicos do que nosso cérebro tende a supor e como estamos suscetíveis às forças do acaso ao tentarmos encontrar padrões e previsibilidade onde simplesmente não há.

***Antifragilidade: Coisas que ganham com a desordem* - Nassim Taleb**

Traz uma abordagem pragmática sobre como viver em um mundo que não entendemos. Se a incerteza e a aleatoriedade jamais desaparecerão do processo, só nos resta assumir esse cenário e tentar ganhar levando-o em consideração. O foco nos mais variados campos de atuação, segundo o autor, deve ser o de adotar estratégias que impliquem perdas pequenas em um cenário ruim e grandes ganhos em um cenário positivo.

Duas formas de pensar: rápido e devagar - Daniel Kahneman

Uma síntese dos trabalhos do ganhador do prêmio Nobel de Economia de 2002. Compila boa parte dos trabalhos relevantes e dos avanços em Finanças Comportamentais, elucidando como somos seduzidos por armadilhas mentais capazes de nos desviar da "racionalidade estrita". Entender esses vieses cognitivos é o primeiro passo para potencialmente driblá-los ou, ao menos, amenizá-los, resgatando decisões menos impulsivas e mais racionais.

O investidor inteligente - Benjamin Graham

Talvez o livro mais inspirador para o que viria depois a ser chamado de *value investing*, ou Escola de Investimento em Valor, que associa diretamente ações a empresas. Narra o método de Benjamin Graham, grande influência sobre o megainvestidor Warren Buffett, e ensina como comprar boas ações a preços atraentes, encarando-as como empresas.

O jeito Warren Buffett de investir - Robert Hagstrom

Transcrição e análise sucintas, mas suficientemente detalhadas, do método de investimento do maior investidor em ações de todos os tempos. Um guia prático sobre como selecionar ações para investir, a partir da abordagem de Warren Buffett. Conta como ele começou, evoluiu e influenciou outras gerações.

George Soros: Definitivo – **Robert Slater**

Uma biografia impecável sobre aquele que considero o mais complexo e completo investidor da história. Narra desde a perseguição sofrida na infância (época do holocausto), até sua formação como investidor, transitando por sua obstinação para conquistar respeito intelectual, por sua caminhada na filosofia, pelas atividades de filantropo e também pelas críticas por ter financiado partidos políticos e atividades ligadas à esquerda.

Blink – **Malcolm Gladwell**

Uma provocação instigante sobre nossas decisões intuitivas. Malcolm Gladwell explora a riqueza por trás de atitudes tomadas a partir de uma reação espontânea. E demonstra como, sob determinadas circunstâncias, aquilo que tipicamente se chama intuição – uma espécie de conhecimento tácito acumulado por anos – está mais provido de fundamento do que sua conotação tipicamente negativa carrega.

The Dao of Capital – **Mark Spitznagel**

O autor desafia a lógica consensual de que a via mais rápida e direta normalmente conduz ao melhor resultado. Em muitas situações, seja no boxe, no golfe, em táticas de guerra, na estratégia de reprodução das coníferas ou nos investimentos, a melhor trajetória por vezes implica recuar para depois avançar. Mark Spitznagel mostra como o excesso de intervenção distorce os mercados e, sob o empurrão de uma política monetária frouxa, necessariamente leva a uma posterior explosão, criando assim o que se denomina *Austrian Investing*. Em paralelo, estimulado pela necessidade de retroceder para depois caminhar para frente, propõe uma combinação de seguros e ativos de muito risco para compor o "paradoxo do maior retorno com menor risco".

A man for all markets: From Las Vegas to Wall Street, How I Beat the Dealer and the Market - Edward Thorp

A história e os métodos de Edward Thorp, professor de matemática que, entre outros feitos, desenvolveu e explorou a estratégia de John Larry Kelly Jr. (*Kelly criterion*) para diversas aplicações. Com esse instrumental, podemos saber exatamente quanto apostar na próxima rodada do jogo (ou de um investimento) sem que estejamos sob risco de ruína. Num mundo permeado pela incerteza, somente a perseguição de retornos assimétricos (mais ganho do que perda potencial) pode conduzir a bons lucros a longo prazo. A estratégia de Kelly, muito bem explorada por Thorp, garante essa sobrevivência e a capacidade de bater o mercado a longo prazo.

REFERÊNCIAS BIBLIOGRÁFICAS

ARIDA, Pérsio. *A história do pensamento econômico como teoria e retórica*. São Paulo: Artigo,1983.

BARRO, Robert. *Rare Events and the Equity Premium*. Cambridge: *NBER Working Paper N°. 11310, 2005*.

GIANNETTI, Eduardo. *Trópicos utópicos: Uma Perspectiva Brasileira da Crise Civilizatória*. São Paulo: Companhia das Letras, 2016.

GRAHAM, Benjamin e DODD, David. *Security Analysis*. Nova Iorque: McGraw-Hill, 2016.

HANGSTROM, Robert G. *The Warren Buffett Way*. Nova Jersey: John Wiley & Sons, 1994.

MANDELBROT, Benoît. *The Fractal Geometry of Nature*. W. H. Freeman and Company, 2016.

MARKOWITZ, Harry M. *Portfolio Selection*: *Efficient Diversification of Investments*. Nova Jersey: John Wiley & Sons, 1991.

MARTIN, Gerald S. e PUTHENPURACKAL, John. *Imitation is the Sincerest form of Flattery*: *Warren Buffett and Berkshire Hathaway*. Las Vegas: Working Paper, 2008.

REGO, José Marcio e GALA, Paulo (org.). *A história do pensamento econômico como teoria e retórica*. São Paulo: Editora 34, 1996.

RICARDO, David. *The Principles of Political Economy and Taxation*. Nova Iorque: Dover Publications Inc., 2004.

FELIPE MIRANDA

SCRUTON, Roger. *As vantagens do pessimismo e o perigo da falsa esperança*. São Paulo: É Realizações Editora, 2016.

WILLIAMS, John Burr. *The Theory of Investment Value*. Estados Unidos: Contrary Opinion Library, 2014.

GLOSSÁRIO

Bear market: nome dado a um mercado que está em queda, ou seja, com expectativas negativas acerca do futuro. Seu contrário é o Bull Market, ou mercado de alta. Os nomes foram dados por conta do urso (*bear* em inglês) atacar para baixo e do touro (*bull* em inglês) atacar para cima.

Calls: É uma opção de compra, derivativo de uma ação. Um investidor pode comprar ou vender *calls* para fins especulativos ou de hedge (proteção da carteira). Sua aquisição dá ao titular o direito de comprar um determinado ativo em uma certa data futura por um preço já estabelecido. Sua venda, por outro lado, faz com que o lançador contraia uma obrigação de vender o ativo objeto (determinada ação) para quem comprar a *call*.

CAPEX: sigla da expressão inglesa *capital expenditure*, que significa despesas de capital em português. É justamente o gasto de capital na compra ou na melhoria de ativo físicos de uma determinada empresa, tais como máquinas, equipamentos e complexos industriais.

Conflation: traduzindo para o português, significa *conflação*. Trata-se da prática de misturar dois conceitos distintos como se fossem um, fator produtor de erros ou mal-entendidos, uma vez que a combinação de objetos distintos tende remover o sentido lógico da sequência.

Default: termo em inglês para calote. Ocorre quando uma empresa ou um Estado não conta com dinheiro para fazer frente à sua dívida. Em suma, é a falta de pagamento de suas obrigações. Ao declarar-se em *default*, o devedor procurará alcançar um acordo com seus credores para definir como concretizar os pagamentos pendentes.

EBIT: sigla em inglês para *Earning Before Interest and Taxes*, chamado no Brasil de LAJIR (Lucro antes dos Juros e Imposto de Renda). O *EBIT* mostra qual é o lucro operacional da companhia a partir das atividades diretamente ligadas ao negócio. Pode ser calculado das seguintes formas:

> *EBIT*= Receita Líquida + Juros + Taxas ou *EBIT* = Receita – Despesas Operacionais

Equities: Em linhas gerais, pode ser considerado o capital próprio da empresa, ou o patrimônio líquido da mesma (ativos – passivos). Ações (*stocks* em inglês) também são tidas como *equities*, assim como qualquer outro título que dê a seu titular o direito sobre o negócio.

Fundos de Investimento Imobiliários (FIIs): Fundo de investimento cujo patrimônio é constituído, essencialmente, por bens do mercado imobiliários (*real state* em inglês).

Hedge: É o nome dado ao instrumento que visa proteger operações financeiras contra o risco de grandes variações do preço de um ativo, da taxa de câmbio, da taxa de juros, ou do preço de um título de dívida em um determinado período. Normalmente atrelados a derivativos de correlação negativa com o mercado.

Home broker: sistema de negociação eletrônico via corretoras, que permite ao usuário dar ordens diretas de compra e venda através da internet.

Lagrangiano: função da mecânica clássica cujo nome é atribuído ao seu criador, Joseph-Louis Langrange. Combina a conservação do momento linear com a conservação de energia e modelam o movimento com diagramas vetoriais e funções escalares.

LTN: as Letras do Tesouro Nacional são títulos com rentabilidade definida (taxa prefixada) no momento da compra. Por se tratar de um título prefixado, o investidor sabe exatamente a rentabilidade a ser recebida até a data de vencimento. O pagamento do principal (valor total investido) e dos juros é realizado em uma única parcela, na data de vencimento do título. É possível realizar gestão ativa deste título, ou seja, possível vendê-lo antes do vencimento.

Market cap: o termo *cap* é abreviação de *capitalization*. Nada mais é que o valor de mercado da empresa. É encontrado pela multiplicação do preço da ação pela quantidade de ações existente.

NTN-B: título pós-fixado e indexado ao índice de inflação oficial do Brasil, o IPCA (Índice de Preços ao Consumidor Amplo). Sua rentabilidade é uma somatória do IPCA com uma taxa prefixada no momento da aquisição do título. O NTN-B não possui fluxos periódicos de pagamento ao investidor (cupom semestral de juros), mas sua variante, a NTF-F, possui. É possível realizar gestão ativa deste título, ou seja, vendê-lo antes do vencimento.

Payoff: seu significado remete à recompensa ou a um pagamento. Na Teoria dos Jogos, no entanto, o termo é utilizado para explicar a seguinte situação: dois jogadores podem ter um número finito ou infinito de alternativas. Cada jogador toma sua decisão considerando as possíveis decisões que seu adversário pode tomar. Para cada ação existe uma reação, portanto, cada movimento tem um correspondente possível para ser tomado, ocasionando diferentes tipos de resultados. O conjunto destes resultados possíveis é quantificado por meio de uma matriz de *payoff*.

PEC do Teto: Proposta de Emenda à Constituição que estabelece um teto para os gastos públicos pelos próximos 20 anos, promulgada em dezembro de 2016. Assim, os gastos públicos a partir de 2017 só podem aumentar de acordo com a inflação do ano anterior.

Private equities: entidades financeiras que investem em empresas com potencial para o futuro ou em situações especiais, como reestruturação ou recuperação judicial. As aplicações costumam ser para o longo prazo, uma vez que a intenção da *private equity* é comprar a companhia (ou a maior parte dela), alinhá-la com seus objetivos para melhorias nas operações e então, vendê-la por um preço maior que o de compra.

Puts: Oposta ao *call*, uma *put* é uma opção de venda. Um investidor pode comprar ou vender *calls* para fins especulativos ou de hedge (proteção da carteira). Dá ao seu titular (aquele que a adquiriu) o direito de vender um ativo em uma data futura por um preço predeterminado. Sua venda, por outro lado, faz com que o lançador contraia a obrigação de comprar o ativo objeto.

Quantitative Easing (QE): flexibilização quantitativa. Trata-se de uma política de criação de quantidade significante de dinheiro novo, geralmente realizada pelo Banco Central. Foi uma política indiscriminadamente adotado em 2008 pelo Federal Reserve (Banco Central dos EUA), em que se realizou a compra de títulos do governo e títulos privado de maneira a reduzir a taxa de juros e expandir a oferta monetária, de modo a estimular a economia. Tida como uma política expansionista, é geradora de inflação em suas duas pontas: (i) na emissão de moeda para compra dos títulos pelo governo; (ii) resultando ao final em expansão monetária.

Research: área de pesquisa de mercado, de empresas e econômica. Os analistas de pesquisa (research analysts) informam aos investidores a situação de empresas, de setores da economia ou de países por meio de relatórios periódicos. Nestes documentos, há normalmente a indicação para a compra ou venda de ações ou títulos de dívida pública ou privada.

Secular stagnation: em português estagnação secular. Trata-se de uma condição de crescimento econômico insignificante (ou inexistente) de uma economia. Secular, neste caso, funciona como um jogo de palavras que trabalha de maneira contrária ao termo cíclico, indicando que não se sabe se de fato haverá fim para a estagnação.

Sell-side: termo que sintetiza o ramo do mercado financeiro responsável por vender indiretamente ativos financeiros de empresas. Relacionados com *equity research*, os analistas *sell side* fazem relatório explicando os motivos da companhia ser interessante (ou não) para a compra de outrem. Envolvidos no *Equity Capital Markets (ECM)*, trabalham ainda na parte de criação e lançamento de ações ou títulos da dívida de empresas contratantes de seus serviços.

Small caps: ações de empresas menores, que possuem um valor de mercado mais modesto quando comparado ao de uma empresa de grande porte. Têm baixa liquidez e alto potencial de valorização (ou desvalorização). Possuem valor de mercado de R$ 3 bilhões a R$ 10 bilhões.

Startup: empresas recém-criadas, geralmente do mercado de tecnológica, ainda em fase de desenvolvimento e pesquisa de mercados, com espírito empreendedor e modelo de negócio inovador.

Subprime: classificação de risco americana, concedida a um tomador que não oferece garantias suficiente para se beneficiar de crédito. Como os juros americanos estavam em patamar muito baixo em 2003 e a economia vinha crescendo vigorosamente, os bancos e entidades creditícias passaram a atender esses clientes em busca de retornos maiores. Essa prática acabou resultando em na *Crise do Subprime* em 2008 devido à alta inadimplência.

Ticker: códigos usados para identificar as empresas de capital aberto em um mercado de ações. É o código que deve ser digitado no *Home Broker* para identificação do ativo.

Trader: profissional do mercado financeiro que busca ganhar dinheiro com a compra ou venda de ações de maneira dinâmica (curtíssimo prazo), aproveitando-se da volatilidade do mercado. São analistas técnicos (grafistas) em sua maioria e verificam nos preços passado dos ativos possibilidades quanto o seu futuro.

Treasury: traduzindo ao pé da letra, trata-se de tesouraria. No caso, são os títulos públicos do governo americano. São considerados os ativos de menor risco do mundo. Três são eles: *T-Bills (Treasury Bills)*, *T-Notes (Treasury Notes)* e *T-Bonds (Treasury Bons)*.

Upside: Potencial de valorização de um ativo, título ou valor mobiliário, avaliado por um investidor ou por um analista de investimentos.

Valuation: é o termo em inglês para avaliação de empresas. É o processo de estimar quanto uma empresa vale, determinando seu preço justo e o retorno de um investimento em suas ações. Utilizado por analistas fundamentalistas interessados nos fundamentos que indicam o crescimento de determinada empresa, é recurso amplamente difundido no mercado financeiro.

Value investing: é uma estratégia de investimento em que as ações selecionadas para a compra pelo investidor se encontram a um preço abaixo do seu valor intrínseco naquele momento. Filosofia iniciada por Benjamin Graham, tornou-se famosa pois foi a partir dela que o megainvestidor Warren Buffett construiu sua fortuna. Empregada por analistas fundamentalistas no mercado financeiro.

Venture capitalists: semelhantes a uma *private equity*, investem em empresas de pequeno porte, incluindo *startups*, com alto potencial de crescimento, mas, em contrapartida, com muito risco. Os recursos financiam as primeiras expansões e levam o negócio a novos patamares no mercado, antes inalcançáveis pelos empreendedores fundadores.

WACC: sigla em inglês para *Weighted Average Cost of Capital,* ou Custo Médio Ponderado de Capital em português. É uma média ponderada das diferentes fontes de financiamento que a empresa utiliza, balanceada pelo peso de cada uma delas na sua estrutura de financiamento.

Yield: rendimento sobre um investimento em ações, expresso como uma taxa de porcentagem anual com base no custo do investimento, valor de mercado atual ou valor nominal.

TIPOGRAFIA	AVENIR NEXT E BIGNOODLETITLING
PAPEL DE MIOLO	HOLMEN BOOK $55g/m^2$
PAPEL DE CAPA	CARTÃO $250g/m^2$
IMPRESSÃO	IMPRENSA DA FÉ